하나님과 함께하는 초자연 적인 여정

하나님 제가 신데렐라 같아요

하나님, 제가 신데렐라 같아요

초판 1쇄 발행 2012년 1월 17일

지은이 **루앤 매스트**
펴낸이 **박노라**
옮긴이 CI KOREA
펴낸곳 CI KOREA

주소 _ 서울시 성동구 옥수동 191-3 강변벽산빌라트
전화 _ 02-558 - 8809
홈페이지 _ www. cikorea.kr
총판 _ 하늘유통

정가는 뒤 표지에 있습니다.
ISBN 978-89-960660-2-6
잘못 만들어진 책은 교환해 드립니다.

*특별한 표시가 없는 한 인용된 영어 성경 본문은 뉴킹제임스 버전에서,
  우리말 성경 본문은 개역개정 성경에서 발췌되었습니다.

하나님과 함께하는 초자연적인 동행

하나님, 제가 신데렐라 같아요

루엔 매스트 지음

씨 아이 코리아
CI KOREA

추천의 글

루앤 매스트는 그녀의 삶 속에 역사하시는 하나님의 초자연적 능력에 대한 분명한 간증이 있는 축복 받은 사람입니다. 많은 성도들이 이 책을 읽으며 자신의 삶을 변화시키는 하나님의 사랑과 능력을 더욱 신뢰하고 격려를 받게 될 것입니다. 루앤의 인생 간증은 하나님께서 역기능적인 유년기와 학대 받는 결혼 생활, 소망 없어 보이는 상황을 겪은 인생마저도 기쁨이 충만한 삶으로 변화시키실 수 있다는 것을 증명해 줍니다.

주 예수님께서는 우리가 간구하고 상상한 그 모든 것 보다 더욱 넘치도록 풍성하게 역사하시겠다고 약속하셨습니다. 또한 예수님께서는 우리가 생명을 얻고 더 풍성히 얻게 하려고 오셨다고 말씀하셨습니다(요 10:10). 여러분은 하나님께서 이 말씀을 한 사람의 인생에서 어떻게 성취하셨는지를 보게 될 것입니다. 일단 여러분이 이 책을 읽기 시작한다면, 하나님께서 루앤의 인생에 초자연적으로 개입하신 그 모든 일들을 알아가느라 이 책을 차마 손에서 내려놓을 수 없을 것입니다.

개인의 유익을 생각해서라도 여러분 모두가 이 책을 읽어보셔야 할 것입니다. 이 책의 독자들 중에는 루앤과 비슷한 상황에 처해 있는 분들도 있을 것이고, 그렇지는 않다 하더라도 주위 사람들 중에 이 책을 통해 삶이 변화되고 소망과 미래를 얻게 될 사람들이 있을 것입니다.

루앤, 당신의 삶을 이토록 많은 사람들과 함께 나누어준 것에 감사드립니다. 당신의 감독이라는 게 자랑스럽습니다. 당신의 간증과 초자연적인 사역을 통해 수많은 사람들이 축복을 받을 것입니다. 이 책을 읽는 모든 분들을 축복합니다.

빌 해몬 박사
Christianinternational.com
Christian International Ministries Network, Christian International Apostolic Network 감독
저서로는 『성도의 시대』(Day of The Saints) , 『Who Am I And Why Am I Here?』 등이 있다.

이 책은 인생의 밑바닥을 경험하고 있는 사람들에게 매우 큰 격려가 될 것입니다. 또한 이 책은 부유한 생활에서 극빈한 생활로 곤두박질쳤다가 또 다시 그 모든 것을 전적으로 회복하는 감정의 롤러코스터를 제대로 묘사해 주는 훌륭한 책입니다. 이 책에 나타난 하나님의 능력과 초자연적 개입, 성령의 은사들의 역사와 하나님의 기적적인

타이밍은 용기를 줄 뿐만 아니라 경이롭기까지 합니다. 이 책은 매우 흥미로우며 동시에 유익합니다.

랜디 클락
Global Awakening Apostolic Network, Global School of Supernatural Ministry 대표
저서로는 『Changed In A Moment』, 『Pressing In』 등이 있다.

『하나님 제가 신데렐라 같아요』는 강력합니다! 자극적입니다! 예리합니다! 시편 126편 1-2절의 말씀이 마음에 다가옵니다. "여호와께서 시온의 포로를 돌려보내실 때에 우리는 꿈꾸는 것 같았도다 그때에 우리 입에는 웃음이 가득하고 우리 혀에는 찬양이 찼었도다 그때에 뭇 나라 가운데에서 말하기를 여호와께서 그들을 위하여 큰 일을 행하셨다 하였도다." 영광은 인간의 목표입니다. 인생에 있어서 하나님의 영광을 드러냄으로써 개인의 영광을 나타내는 것보다 더 큰 목적은 없습니다. 루앤의 이야기는 다시금 꿈을 꾸며 "포로 생활에서 돌아오게 된" 한 소녀의 이야기입니다. "뭇 나라 가운데에서" 간증할 것은 이것입니다. "주님께서 그녀를 위하여 큰 일을 행하셨도다. 그리고 주님께서 그와 같은 일을 내게도 행하실 것이다."

여러분이 이제 막 읽을 책은 대부분의 훌륭한 이야기들이 그러하듯 "옛날 옛적에…"로 시작됩니다. 이 이야기가 진짜임을 말해 주는 것은 여느 이야기처럼 악당이 도사리고 있다는 사실입니다. 하나님의 러브 스토리조차도 아름답고 영광스럽게 시작하여 배신과 반란의 이야기로 진행될 때가 있습니다. 그러나 이 책을 다 읽었을 때는 이렇게 끝이 납니다. "그래서 그들은 오래오래 행복하게 살았습니다." 고통이 기쁨으로, 악몽이 아름다운 꿈으로, 어둠이 빛으로, 죄에서 영광으로 끝이 납니다. "보라, 내가 만물을 새롭게 하노라"(계 21:5). 시간을 내서 이 책을 읽으십시오. 그러면 하나님께서 당신을 유일무이하며 그 무엇으로도 대체할 수 없는 특별한 존재로 만드셨음을 깨닫게 되실 겁니다. 당신이 엄청나게 소중한 존재임을 깨닫고, 당신 안에 묻혀 있던 가능성이 당신의 인생을 되살아나게 할 것입니다. "너는 내게 부르짖으라 내가 네게 응답하겠고 네가 알지 못하는 크고 은밀한 일을 네게 보이리라"(렘 33:3). 루앤이 쓴 이 책을 읽으면서 당신은 하나님을 예배하고 찬양하고 싶어질 것입니다. "큰 일"을 향한 여행을 떠나십시오!

레이프 헤틀랜드
저서로는 『Seeing Through Heaven's Eyes』, 『Healing the Orphan Spirit』 등이 있다.

이 책은 루앤의 인생 여정입니다. 학대받는 역기능의 상황에서 커다란 믿음을 가진 용감한 여성으로, 불가능과 결핍의 상황에서 축복과 너그러움으로…, 루앤은 하나님의 음성에 철저히 의존하고 소망을 풀어놓음으로써 예수 그리스도를 드러냅니다. 내 친구의 인생의 행간을 읽노라니 나 또한 눈물이 났습니다. 그러나 동시에 하나님의 신실하심으로 인해 기뻐할 수 있었습니다. 루앤의 어린아이 같은 믿음과 하나님의 초자연적인 능력이 담긴 이 책을 읽으면서 여러분 또한 용기를 얻게 될 것입니다.

샤론 스톤
Cieurope.org

루앤 매스트의 이야기는 흥미진진하고도 놀랍습니다. 루앤의 이야기를 읽다 보면, 루앤에게는 낙심하여 피해의식에 사로잡혔을 만한 사건들이 수도 없이 많았다는 것을 알게 됩니다. 자신이 어려운 시기를 겪고 있기 때문에 포기할 수밖에 없다고 믿는 사람들도 루앤의 이야기를 읽으면서 더 이상 그런 핑계를 댈 수 없을 것입니다. 이제 당신의 손에 진짜 신데렐라 이야기가 들려 있습니다.

루앤을 처음 만난 것은 뉴욕 유티카에서 일련의 집회를 인도하던 때였습니다. 우리 부부는 그 후로 십 년 이상 루앤과 연락이 끊어졌습니다. 그런데 어느 날 제가 텍사스에서 설교하던 중에 익숙한 얼굴의 한 사람이 제게로 걸어와서 이렇게 말하는 것이었습니다. "저를 기억하세요?" 그녀가 누구인지 알아보는데 시간이 좀 걸렸습니다. 그녀는 이제 담대하고 자신감에 차 있었습니다. 그 키와 지혜가 자라나 하나님과 사람이 보기에 더욱 사랑스러워졌습니다. '대체 지난 십 년간 루앤에게 무슨 일이 있었기에 이토록 성장하게 된 것일까?' 하고 궁금해졌습니다. 루앤은 하나님의 강력한 여성으로 활짝 피어나서 영향력 있는 남편과 함께 교회를 목양하며 세계 각지에서 사역하고 있었습니다. 충격적이었습니다! 내가 알고 있던 루앤의 마지막 모습은 삶의 모든 영역에서 시련을 겪던 모습이었는데, 이제는 위엄 있게 일어나서 승리하는 삶을 살아가고 있습니다.

당신의 손에 들린 이 책을 읽기 전까지는 나 역시 제대로 이해할 수 없었습니다. 하나님께서는 어찌 이리 놀랍게 희생자를 승리자로 변화시키실 수 있을까요? 『하나님 제가 신데렐라 같아요』를 읽으면서 하나님께서 우리를 얼마나 보호해 주고 계신지를 다시금 깨달았습니다.

루앤의 이야기 속에서 하나님의 구원의 손길을 발견하고 힘과 소망을 얻으세요.

트레이시 암스트롱 목사
citadelchurch.com / LionHeartMinistries.com
저서로는 『Fellowship』, 『Becoming A Pioneer Of Success』가 있다.

주님께서 루앤의 인생에서 빼앗긴 모든 것들을 회복시키시는 과정을 지켜보면서 크나큰 기쁨을 누렸습니다. 주님께서 루앤의 인생을 치유하실 뿐 아니라, 형체를 알아볼 수 없이 무너진 부분까지 재창조하시는 것은 경이로울 정도였습니다. 초라하고 학대 받는 환경에서 벗어나 왕자님과 결혼하고, 자신을 대적하던 원수들을 오히려 다스리게 된다는 점에서 루앤의 이야기는 신데렐라 이야기와 동일합니다. 현대판 신데렐라 이야기처럼, 하나님의 은혜는 루앤을 대항하여 겹겹이 쌓인 역경을 쳐부수고 그녀에게 승리를 가져다줍니다. 이 이야기를 읽는 많은 사람들이 루앤의 인생의 한때와 같이 소망 없는 상황에 처해 있을 줄 압니다. 루앤의 이야기는 부서진 인생에 손을 뻗쳐서 그 조각들을 모아다가 아름다운 작품을 만들어내시는 하나님의 능력에 대한 이야기입니다. 대부분의 사람들은 부서진 유리조각은 쓰레기더 미에 불과하다고 생각하지만, 솜씨 있는 예술가는 그것을 가져다가 아름다운 모자이크를 만들어 냅니다. 우리의 구세주께서는 루앤의 부 서진 인생의 조각들로 온 세계가 보고 놀랄 만한 하나님의 은혜의 그 림을 만드셨습니다. 루앤의 이야기가 이 책을 읽는 모두에게 자신의 인생을 향한 하나님의 손길을 발견하게 하기를 바랍니다. 마치 신데 렐라처럼, 하나님은 재투성이를 공주로 만들어 주십니다.

론 R. 딘
House of Praise 담임목사, www.houseofpraise.cc

루앤의 책을 읽으며 감동의 눈물을 흘렸습니다. 루앤을 처음 만 난 것은 2002년 브라질로 떠난 선교여행에서였습니다. 그 이후로 우 리는 친한 친구로 지냈습니다. 저는 이 책에 소개된 여러 가지 시험을 루앤이 통과해 나가는 것을 직접 지켜보았습니다. 이 모든 고난에도 불구하고 하나님을 향한 루앤의 믿음과 사랑은 결코 흔들리지 않았습 니다. 성경은 하나님께서 자기를 부지런히 찾는 자들에게 보상해 주시 는 분임을 이야기하고 있습니다. 루앤은 지금 분명 그녀의 부지런함에 대한 열매를 거두고 있습니다. 모든 분들에게 이 책을 읽어 볼 것을 권하고 싶습니다. 이 책은 하나님을 향한 루앤의 믿음을 보여줄 뿐 아니라, 루앤을 향한 하나님의 신실하심을 보여주고 있기 때문입니다. 원수가 루앤을 파괴하기 위해 이용했던 것을, 하나님은 돌이켜서 루앤을 축복하는 것으로 사용하셨습니다. 이 책은 믿음을 통해 가장 어려운 환경도 극복해 낼 수 있다는 것을 보여 주는 진정한 간증입니다.

릭 소드몬트
Hunble Heart Ministries 대표
저서로는 『The Father's Love』가 있다.

루앤을 처음 만났던 때를 항상 기억할 것입니다. 저는 루앤의 간증 일부를 들었고, 그녀가 사랑의 삶을 살아내는 것을 바로 제 눈앞에서 지켜보기도 했습니다. 제가 들은 것은 이야기의 일부에 불과하다는 것을 알았습니다. 당신이 이제 막 읽으려는 책은 손에서 차마 떼놓기 어려운 실제 신데렐라의 이야기입니다. 각 페이지를 넘길 때마다 당신은 그저 '네!' 하고 순종하기를 택한 한 여인을 향한 하나님의 은혜와 선하심을 직접 목격하게 되실 겁니다. 당신의 손에 들린 이 책이

한 여성의 간증에 불과한 것 같지만, 바로 당신의 삶에 성취될 예언이 될 수도 있습니다. 행복하게 읽으세요!

애브너 수아레즈
For Such A Time As This, Inc. 설립자이자 회장
노스 캐롤라이나, 던

삶은 대개 공평치 않습니다. 좋은 사람들에게도 나쁜 일이 일어납니다. 무고한 인생들이 마귀에 의해 산산이 부서지기도 합니다. 하나님 없이 살면 인간은 통제할 수 없는 본능의 지배를 받게 되고, 사람이 자기 자신의 신이 되어 그의 인생길에 고통과 육체적 파멸, 정신적 괴로움을 가져옵니다. 하나님 없이는, 이러한 희생자들이 자신의 인생을 계속되는 깨어짐과 소망 없음 가운데 살아갈 수밖에 없습니다. 하나님 없이는!

온 우주의 창조자이신 하나님께서는 상처 받은 사람들에게도 치유와 회복의 길을 열어 놓으셨습니다. 하나님은 그분의 놀라운 지혜로 아들 예수님을 보내서서, 이 놀라운 선물을 받아들이는 사람들에게 영원한 생명을 주실 뿐 아니라 그 이상을 계획하셨습니다. 완전한 치

유를 받고 인생을 전적으로 새롭게 시작할 수 있게 하신 것입니다. 부서지고 상처받은 사람들도 이 땅 가운데서 천국의 일부를 경험할 수 있습니다. 얼마나 놀라운 선물입니까!

루앤 매스트는 주님의 구속의 능력을 보여주는 살아 있는 간증입니다. 이 책에는 루앤의 연약함도 분명하게 드러나 있습니다. 루앤은 상처와 고통으로 가득 차 있던 자신의 인생을 솔직하게 열어 보여줍니다. 그렇다고 해서 독자들로 하여금 슬픔과 회한에 머무르게 하지는 않습니다. 자신의 이야기 속에 담긴 구속의 역사를 조심스레 엮어 냅니다.

루앤의 책에서 중요한 메시지는 바로 이것입니다. "당신의 과거가 곧 당신의 미래는 아니다!" 힘든 시기를 거쳐 가고 있는 그 누구에게라도 소망은 있습니다. 자기 삶을 온전히 예수님께 의탁하고, 용서의 능력을 배우며, 하나님을 향한 믿음에 굳게 서 있으면 승리하는 인생으로 자리를 잡게 됩니다.

루앤은 자신의 믿음을 사용하여 과거의 어두운 날들에서 벗어났습니다. 루앤은 또한 그 믿음을 사용하여 자신의 미래로 전진해 나아갔습니다. 마치 신데렐라처럼, 루앤 역시 자신의 '과거'라는 재들을 털어냈습니다. 이제 그녀는 왕자님을 만나서 예수님만이 가져다주실 수 있는 '오래오래 행복한' 삶을 즐기고 있습니다.

당신 역시 자신이 신데렐라 같다고 느낄지도 모르겠습니다. 당신의 삶이 과거의 상처와 슬픔과 수치라는 재들로 뒤덮여 있을지도 모릅니다. 하지만 이제는 그 재들을 닦아낼 시간입니다. 주님께서 당신의 인생을 새롭게 일깨우도록 내어 드리십시오. 왕자이신 예수님께서 당신을 미래로 이끌어 가실 수 있도록 해드리십시오. 당신의 감정들이 변화될 것입니다. 루앤 매스트가 그랬던 것처럼 이렇게 외치고 있는 자신을 발견하게 될 것입니다. "하나님, 제가 신데렐라가 된 것만 같아요!"

바바라 웬트로블
International Breakthrough Ministries, Breakthrough Business Network,
Business Owners For Christ International 회장
저서로는 『예언적 중보기도』(Prophetic Intercession), 『Fighting for Your Prophetic Promises』,
『Removing the Veil of Deception』, 『Praying With Authority』가 있다.

서문

3년 이상 사역을 함께해 오면서, 나는 아내 루앤의 마음과 사역을 곁에서 직접 지켜보았다. 하나님께서는 루엔에게 사람과 사람의 마음을 이어 주고 그들을 놀랍도록 자유롭게 하는 독특한 능력을 주셨다. 많은 사람들이 다른 누구에게도 얘기해 본 적 없는 삶의 영역들을 루앤에게 만큼은 털어놓는 것을 보아 왔다. 루앤은 자신의 부족함과 회심, 하나님을 향한 믿음에 대해서 솔직하게 이야기했고, 이는 사람들로 하여금 어둠 속에 숨겨진 자신의 고통을 나눌 수 있는 안전한 환경을 마련해 주고 치유를 풀어 놓았다.

수치심은 우리를 침묵하게 만든다. 만약 그 이야기를 꺼내면 더욱더 거절당하지는 않을까 두렵기 때문이다. 그러나 그 수치스러운 일을 고백하는 것이 치유의 시작이다. 또한 그러한 고백은 스스로를 받아들이고, 자신의 정체성을 과거에 경험했던 학대로부터 분리해 내서 하나님의 목적 가운데로 돌이키게 한다. 나는 이 책이 당신의 삶의 일부를 독특한 방법으로 어루만져 주리라 확신한다.

아시아에 방문했을 때의 일이다. 루앤이 학대받았던 경험에 대해 간증하고 난 뒤 한 남성이 사역을 받겠다고 찾아왔다. 초조한 마음에 억지웃음을 짓고 있던 그 남자가 고백했다. "저는 제 아내를 학대했습니다." 루앤은 잠시 그를 바라보더니 이내 간단한 질문을 했다. "말씀해 보세요. 당신을 학대한 사람이 누구죠?" 그러자 남자는 억제할 수 없이 펑펑 울기 시작했다. 또 다른 나라에서 주말에 함께 사역했던 때의 일이다. 그곳 목사님의 아들은 일 년이 넘게 교회에 출석하지 않고 있었고, 우리의 집회에도 오지 않았다. 하지만 마지막 집회를 마친 후에 그 아이가 루앤과 나를 따로 만나 보겠다고 했다. 루앤이 그 아이에게 사역했을 때, 그의 쓴 뿌리와 용서치 못하는 마음이 파쇄되었다. 아이의 마음은 자유롭게 되었고, 그를 속여 왔던 거짓말도 제거되었다. 우리가 교회를 떠나던 바로 그날, 그 아이가 활짝 웃으며 청년 모임에 나오는 것을 볼 수 있었다!

루앤이 자기 이야기를 나누고 나면, 십대로부터 할머니들에 이르기까지 수많은 여성들이 자신의 이야기를 털어놓았다. 다수의 사람들이 낙태를 한 경험이나 성폭행을 당한 경험들을 처음으로 고백했다. 남성들 역시 자신의 이야기를 나누었다. 참으로 놀라운 일들이었다. 나는 삼십 년 동안이나 담임 목회를 해왔는데, 이를 기반으로 하나님께서 루앤에게 사람들을 구원으로 이끄는 독특한 열쇠를 주셨음을 분명히 인식할 수 있었다.

각각의 이야기에는 각각 다른 목적과 더불어 이야기에 관련된 사람들 사이의 상호작용이 있을 것이다. 우리 모두는 여러 이야기들 속에 각기 다른 입장에 서 있을지 모른다. 때로는 당신이 성내는 사람이었을 수도, 때로는 그 화를 받아내야 하는 사람이었을 수도 있다. 이 모든 사람들이 자신의 인생 경험에 대하여 치유를 받아야 한다.

이 책의 원래 목적은 사람들로 하여금 하나님의 초자연적인 능력을 깨닫도록 돕는 것이다. 당신이 큰 기적을 필요로 하고 있다면, 그것은 다시 말해 당신에게 지금 엄청난 어려움과 필요가 있다는 말이다.

다윗이 드러나기 위해서는 골리앗이 필요하다. 당신이 겪고 있는 최대의 시련이 당신이 누구인지를 나타낼 것이다. 다시 시작하기에 늦은 때란 없다.

루앤의 믿음과 순종의 삶은 당신의 믿음 또한 다시금 달려 나가게 해줄 것이다. 루앤의 이야기는 당신의 기대를 변화시키고 마음을 열어 다시 한 번 하나님과 함께 꿈꾸며 살아가게 해줄 것이다.

나는 하나님께서 어떻게 내 삶 가운데로 루앤을 보내 주셨는지 영원히 잊지 못할 것이다. 루앤을 향한 깊은 사랑의 감정이 일어나는 것과 동시에, 하나님께서는 그분이 루앤을 내 아내로 보내 주신 게 틀림없다는 사실을 거듭되는 사인으로 확증해 주셨다. 루앤은 나의 공주님이자 신데렐라이다.

루앤, 당신을 사랑해요.
데일 매스트

감사의 글

　내 가까이에 있는 사랑하는 사람들에게 감사의 말을 전하는 시간을 갖고 싶다. 그분들은 오늘날의 축복받은 내 삶이 있기까지 나의 인생 여정을 도와준 분들이다.

　다른 누구보다도 먼저 예수님께 감사를 드린다. 예수님은 무너진 내 삶을 회복시키시고 학대와 수치심, 죄책감과 정죄감의 사슬을 끊어 주셨다.

　예수님, 당신은 제게 소망과 미래를 주셨어요. 저를 자유롭게 하셨어요! 예수님이야말로 제 인생에 일어난 최고로 좋은 일이에요.

　데일, 당신은 내 일생의 사랑이자 나의 왕자님이고, 탁월한 남자이자 용기를 북돋아 주는 사람이에요. 당신의 사랑과 지지, 그리고 내 인생에 최고로 행복한 날들을 만들어 준 것에 감사해요. 무엇보다도 아들 마이클과 매튜를 사랑해 줘서 고마워요. 이 책을 쓰도록 격려해 주고 도와준 것도 고마워요. 당신을 사랑해요!!!!! 아, 그리고 내게 선물해 준 장미꽃과 BMW도 고마워요.?

마이클과 매튜, 너희들을 사랑한다. 엄마는 너희 둘이 너무나 자랑스러워. 너희들에게도 쉽지 않은 시간이었지. 마이클, 너는 나를 많이 사랑해 주고 격려해 줬어. 그리고 내가 나의 인생을 살아갈 수 있도록 도와주었지. 매튜, 너는 내가 그토록 힘든 시기를 지나올 때 엄청난 사랑과 기도와 믿음으로 나를 지지해 주었고, 그 폭풍의 시간 중에 나와 함께 머물러 주었어. 때로는 물속으로 삼켜 들어갈 것만 같았지, 때로는 우리가 함께 물 위를 걸었지! 그 모든 시간에 나와 함께해 주어 고맙다.

벤, 하이디, 앤드류, 잭, 나를 당신들의 가족으로 받아들여 줘서 고마워요. 여러분을 사랑합니다.

아빠, 엄마, 사랑해요. 이토록 멋진 부모님을 주신 것에 감사해요. 아빠는 언제나 제 편이셨고 저를 용납해 주셨어요. 엄마, 엄마는 항상 제게 최고의 것을 주고 싶어 하셨죠. 두 분 모두는 힘들게 일하는 것의 가치와 사업을 운영해 나가는 법을 제게 가르쳐 주셨어요.

오빠와 언니와 동생들, 조카들, 모두를 사랑하고 여러분 모두로 인해 하나님께 감사드려요. 브렌다, 너희 집에서 내 빨래를 하고 샤워를 할 수 있게 해줘서 고마워.

저스틴 스타니슬라프스키, 당신의 모든 수고와 지혜에 감사해요. 우리가 이야기를 덧붙여 가는 사이에 계속해서 이 책을 편집하느라 여러 시간 수고해 주셨죠.

마이크와 바브 서벨로 목사님께도 감사드려요. 당신들은 제 인생에 진리의 기초를 세워 주셨고, 그로 인해 제 사역에 큰 힘을 얻을 수 있었어요. 목사님들의 모든 사랑과 기도와 지원에 감사드려요.

론과 조앤 딘 목사님, 제게 절대 포기하지 말라고 가르쳐 주신 것, 항상 저를 믿어 주신 것, 그리고 갇힌 자를 자유케 하는 법을 알려 주신 것에 감사드려요.

조앤 서벨로, 당신의 사랑과 기도와 격려에 감사해요. 당신은 놀라운 하나님의 사람입니다. 사랑해요.

시온산 미니스트리의 목사님들, 마이크 주니어와 멜리사, 찰리와 샤론 스윗, 치코와 린 우, 릭과 클라리사 앤드류, 스티브와 매럴린 주크, 데이브와 레슬리 니콜레테, 폴과 패티 실링, 마크와 스테파니 실링, 샘과 샌드라 루스, 찰리와 주디 피실로. 여러분의 모든 사랑과 기도와 지원에 감사드려요. 여러분이 전한 예언의 말씀들은 고난의 시간에도 앞으로 나아갈 수 있게 도와주었어요.

프랭크와 브렌다 멜리스, 당신들의 우정과 지원, 기도에 감사해요. 저의 법정 분쟁에 시간을 내주고 섬겨준 것에 감사해요. 당신들로 인해 우리 가족은 축복을 누렸어요. 두 분 모두를 사랑합니다.

티나와 폴, 칼린, 프리다, 버니, 마크와 캐시, 켈리 플레밍, 팸과 폴 데이비스, 짐 크랜포드, 마이크 클레멘트, 빌과 다이앤 쿡, 앨러니샤, 에럴, 탐과 로라, 댄과 캐시, 캐틀린과 빌리, 마이크와 캐시, 팻, 데니스, 린다, 켈리 세미나로, 매럴린과 토니, 론다와 스티브 리시, 완다와 존, 매리와 로저, 멜, 퍼피, 캐럴, 바브와 데일, 저스틴, 크리스틴, 노린, 셜리, 샤다 킴, 토니, 스테파니와 패트릭, 네드와 수 목사님, 빌과 리타 목사님, 로즈 목사님, 채러티 목사님, 토니 목사님, 소피, 캐리 캐시, 캐럴, 니타, 나임과 하킴, 러셀, 코니와 래리, 돈과 팻 로기디스, 프랭크 탐슨, 릭 소드몬트와 데비 이사도르, 프랭코. 여러분들의 우정과 기도, 사랑과 지원, 그리고 나와 우리 아들들에게 베풀어 준 재정적인 축복에 대해 깊이 감사드려요. 여러분 모두를 사랑해요.

피터 풀리오, 당신은 제게 성령과 영광에 관하여 많은 것들을 가르쳐 주셨어요. 훌륭한 멘토이자 친구가 되어 주셔서 감사해요. 돌아가시기 전에 마지막으로 제게 해주신 말씀을 절대 잊지 않을게요. "루앤, 한 가지만 약속해 주렴. 초자연적인 삶을 결코 포기하지 말거라." 네, 절대로 포기하지 않을게요.

시온의 딸들, 여러 해 동안 여러분들에게 사역하고 가르친 것은 제게 큰 기쁨이었어요. 저를 위해 그곳에 있으면서 기도해 주고 지지해

준 모든 것에 감사해요.

넘과 수지 아우디. 넘, 당신이 그리워요. 이제 당신이 천국의 삶을 즐기고 있다는 걸 압니다. 당신은 많은 사람들이 그곳에 갈 수 있도록 도왔지요. 제게 구원에 대하여 많은 것을 가르쳐 주셨고, 여러 번 재정적인 도움도 주셨어요. 브라질에서 처음 뵈었을 때 제 간증이 세계 곳곳에 퍼져 나갈 것이라고 예언해 주셨죠. 수지, 당신은 언제나 하나님의 사랑을 실제로 보여 주었어요.

토니 목사님, 축복의 처소에서 부목사로 함께 사역할 수 있게 해주셔서 감사해요. 하나님께서 그곳에서 행하신 놀라운 일들을 결코 잊지 못할 거예요.

데스티니 교회의 리더들, 개리, 애슐리, 제프, 앤지와 해리, 그리고 데스티니 교회의 모든 가족들, 여러분과 함께 데스티니에 있다는 것은 커다란 축복입니다. 여러분들의 사랑과 후원, 저를 당신의 목사로 받아들여 준 것에 대해 감사해요.

차례 ┃

하나님, 제가 신데렐라 같아요

제**1**장

죽음에서 건짐 받다

이 책을 쓰기 위해 그 이야기들을 정리하다보니, 나의 운명적 부르심에 다다르기 위해 내가 통과해 왔던 모든 과정들이 내 스스로도 믿겨지지 않는다. 그때마다 한 번에 한 가지씩 기적이 일어났다. 하나님은 우리 삶과 멀리 떨어져 계시지 않으며, 우리와 소통을 단절하고 계시지도 않는다.

Escaping Death

어느 무더운 날 방과 후의 일이었다. 당시 나는 열 살이었고, 뭐 신나는 일이 없을까 찾아 헤매던 중이었다. 친구 태미와 함께 동네 호숫가에서 놀다가, 우리는 댐 꼭대기로 쭉 걸어가서 호수 건너편까지 가보자며 서로를 부추겼다. 신발이 젖을까봐 호수를 건너기에 앞서 일단 신발부터 벗었다. 내가 먼저 출발했다. 한 걸음 한 걸음 내디딜 때마다 물살을 느낄 수 있어서 재미있었다. 발이 꽁꽁 얼어버릴 것 같이 엄청나게 차가운 물이었다.

댐의 끝부분쯤에 다다르자 파르스름한 이끼가 가득해서 표면이 점점 더 미끄러워졌다. 그래서 거기서부터는 속도를 늦추고 조심조심 걸어갔다. 하지만 호수 맞은편에 거의 도착했을 무렵, 발이 미끄러져서 댐 꼭대기에서 곤두박질치고 말았다. 게다가 물속으로 떨어지면서 댐의 콘크리트 면에 머리를 세차게 들이받기까지 했다.

머리를 부딪쳤을 때, '나는 이제 곧 죽겠구나' 하는 생각이 스쳐갔다. 반쯤은 무의식 상태였지만 물속으로 빠져 들어가던 것만큼은 지금도 기억에 선명하다. 댐에서 밀려나오는 물의 소용돌이가 급속도로 나를 감싸고돌아 내 몸을 강바닥으로 밀어 넣었다. 물이 무척 맑았기 때문에 강바닥에 있던 돌멩이들까지 또렷하게 볼 수 있었다. 나는 물속에서 죽음의 공포에 사로잡혀 완전히 절망하고 있었다.

그때였다. 어떤 힘이 물의 흐름에 맞서 강바닥으로부터 나를 끌어당겨 소용돌이치는 강물 속에서 내 몸을 끄집어내는 것이 느껴졌다. 어느 틈엔가 나는 물 위로 떠올라 친구가 있는 쪽을 건너다보고 있었고, 이내 강둑 쪽으로 향해 갔다. 내 친구는 나와 조금 떨어진 곳에 서 있었는데 겁에 질려 제정신이 아니었다. 이 모든 일이 순식간에 일어났다.

그곳에는 나를 물속에서 건져줄 만한 사람이라고는 아무도 없었다. 내가 어떻게 빠져나왔는지 나도 이해할 수 없었다. 하지만 지금은 알고 있다. 하나님의 초자연적인 임재 혹은 천사가 나타나 내 생명을 구해준 것이다. 어떻게 그 모든 일이 일어날 수 있었는지를 정확히 설명하기는 어렵지만, 한 가지 분명한 것은 내가 죽음에서부터 기적적으로 구원 받았다는 사실이다. 내 친구 태미 역시 그 사실을 알고 있다. 지금에 와서 뒤돌아보면 그때 내가 구출된 이유를 알 것 같다. 하나님께서는 내 인생을 향한 목적을 가지고 계셨는데, 당시 겁 없는 어린 소녀였던 내 마음속에는 아직 그 목적이 자리 잡지 않고 있었던 것이다. 그때 나는 지금처럼 세계 여러 나라를 돌아다니며 인생의 경험들을 나누게 되리라고는 전혀 예상치 못했다. 또한 도저히 극복하기 어려울 것만 같았던 문제들을 나누었을 때, 나의 믿음이 이토록 많은 사람들에게 영향을 미칠 줄은 짐작조차 못했다. 내 이야기는 항상 사람들에게 믿음을 풀어놓았다. 하나님께로만 받을 수 있는 그런 믿음 말이다. 너무나 많은 사람들이 내게 이렇게 말했다. "책 한 권 쓰셔야겠어요. 당신에게는 정말 놀라운 간증들이 많아요!"

이 책을 쓰기 위해 그 이야기들을 정리하다보니, 나의 운명적 부르심에 다다르기 위해 내가 통과해 왔던 모든 과정들이 내 스스로도 믿겨지지 않는다. 그때마다 한 번에 한 가지씩 기적이 일어났다. 하나님은 우리 삶과 멀리 떨어져 계시지 않으며, 우리와 소통을 단절하고 계시지도 않는다. 하나님은 여러분을 사랑하시고, 여러분을 보호하시며, 여러분에게 공급하시는 분임을 여러분 모두가 알게 되기를 바란다. 또한 나의 이야기가 여러분의 믿음을 세워 줄 수 있기를 기도한다. 자, 그러면 이제 이야기의 처음부터 시작해 보자.

작은 마을에서의 성장기

나는 대가족에서 자랐다. 남자 형제가 여섯 명, 여자 형제가 세 명이었는데, 나는 그중에서도 여덟째였다. 아버지는 정유회사에서 일하시면서 볼링장도 한 곳 운영하고 계셨다(이 볼링장은 나중에 아이스크림과 패스트 푸드를 파는 '테스티 프리즈'라는 식당을 매입하기 위해 처분하셨다). 나의 아버지 잭은 재능이 많은 분이셨다. 내가 첫돌을 맞이했을 때 이사했던 아름다운 집도 아버지가 손수 지으신 것이었다. 지붕의 경사면을 두른 기둥에는 "잭이 지은 집"이라고 쓰여 있었다.

아빠는 열심히 일하는 분이셨고, 엄마도 마찬가지셨다. 우리 형제들은 모두 어린 시절부터 일을 돕기 시작해 볼링장에서 볼링 핀을 정돈하거나 테스티 프리즈에서 일했다. 나도 아홉 살 때부터 테스티 프리즈에서 일하기 시작했다. 엄마는 주방에서 요리하시는 아빠를 돕는 것부터 일을 시작하도록 하셨지만, 우리는 항상 몰래 빠져나와 손님들을 맞이하는 창가 쪽에서 기다리곤 했다. 왜냐하면 그렇게 바깥에서 하는 일이야말로 '어른들'의 일이었고, 그중에서도 아이스크림콘을 만드는 게 최고로 신나는 일이었기 때문이다. 아이스크림 만들기는 보기에 쉬워도 실은 연습을 많이 해야 할 수 있는 일이다.

엄마는 원래 첫째를 낳은 뒤로 아이를 그만 가지려 하셨다. 하지만 의사 선생님은 엄마에게 한 여인의 이야기를 들려주며 만류했다. 그 여인은 아이 넷을 낳은 뒤로 아이 갖기를 그만두었다가 자녀들 모두를 끔찍한 화재로 잃고 자식 하나 없이 남은 생을 살았다고 했다. 엄마가 나팔관을 묶는 수술을 해달라고 할 때마다 의사 선생님은 그 이야기를 반복하여 들려주셨다.

그 이야기에 영향을 받아 엄마는 결국 아홉째를 낳기까지 아이 갖는 일을 멈추지 않으셨다. 그 의사 선생님이 안 계셨다면, 엄마는 절대 나를 갖지 않으셨을 것이다. 그 의사 선생님과 그분이 해준 이야기로 인해 하나님께 감사드린다. 사실 그분은 내 첫째 아기의 출산을 도운 분이기도 하다.

대가족 안에서 성장하면서 여러 가지 우여곡절도 많았다. 집안일은 여럿이 분담해서 했고, 우리 가족만의 야구팀까지 있었다. 나는 두 명의 언니들과 한 방을 썼는데, 우리 셋이 보통 크기의 침대 하나를 같이 썼다. 나는 딸 중에 막내였기 때문에 주로 물려받은 옷이 많았다. 아홉 살 때 첫 번째 급료를 받은 후 비로소 새 옷을 사 입었다. 그 후로 물려받은 옷은 입지 않았다. 나는 고등학교 운동부와 여러 활동들에도 참여하고 있었다. 가족과 함께하는 여가시간에는 보트나 스노모빌, 모터사이클, 사륜차 등을 타러 갔고 소풍도 자주 갔다. 가족 휴가를 멀리까지 가는 일은 없었다. 그래서 열아홉 살이 되기까지 그 지역을 벗어난 적이 없었다. 주말에는 대부분 할머니를 뵈러 가거나 근처 마을에 쇼핑하러 갔고, 팀을 나눠 운동하거나 다른 활동들을 하며 보냈다. 그게 전부였다.

어린 시절 나는 남모르는 고통과 수치심을 짊어지고 있었다. 성폭행을 당한 경험이 있었기 때문이다. 우리 부모님은 이에 대해 전혀 모르고 계셨다. 서른일곱 살이 될 때까지도 나는 이 일을 비밀로 하고 있었다.

부모님은 교회에 다니지 않으셨다. 어린 시절 엄마에게 하나님에 대해 물으면, 엄마는 자신이 아는 선에서 최대한으로 설명해 주셨다. 린다 언니가 집을 떠난 뒤로 수지 언니와 둘이서만 방을 같이 썼는데, 수지 언니와 나는 밤마다 침대에 누워 하나님에 관해 이야기하곤 했다. 언니에게는 하나님을 사랑하는 마음이 있었다. 언니는 텔레비전으로 오럴 로버츠 목사님의 설교를 자주 들었고 그분께 편지를 쓰기도 했다. 나는 하나님에 대해 잘 알지 못했지만, 내가 그분을 사랑한다는 것만큼은 확신했다. 하나님은 내게 언제나 실재하는 분이셨다. 내가 열 살 때 수지 언니는 길목에 있던 한 성공회 교회로 나를 데려갔다. 거기서 성가대도 하고 학급 선생님의 보조 역할도 했다. 교회에서 집으로 걸어오는 길에 수지 언니와 함께 찬양을 부르곤 했는데, 특별한 기쁨을 누리는 시간이었다. 열여섯 살 때는 하나님에 관해 더 배우고 싶어서 교회 성경 공부 시간과 기도 모임에도 참여했다. 나는 정말로 하나님을 향한 굶주림이 있었다.

1975년 7월 4일 아침에 있었던 일이다. 친구 바브가 전화를 걸어 나를 파티에 초대했는데, 친구들 몇 명과 함께 수영하러 갈 것이라고 했다. 나는 가고 싶다고 답하고 한창 외출할 준비를 하고 있을 때 엄마가 말씀하셨다. 테스티 프리즈 직원 중 하나가 아프다는 연락이 와서 내가 대신 근무를 해야 한다는 것이었다. 거기서 7년을 일했지만 대타로 근무했던 적은 한 번도 없었다. 엄마한테 잔뜩 화가 났다. 친구가 여는 파티에 꼭 가고 싶었기 때문이었다.

7월 4일은 휴일이어서 테스티 프리즈는 유독 바빴다. 그날 오후 늦게 우리 가족의 친구인 래리 씨가 햄버거를 주문하러 와서 이야기했다.

"랜디가 죽었다는 소식 들었어요? 자동차 사고로 죽었대요."

랜디는 고등학교를 갓 졸업한 인기 있는 운동선수였다. 나는 깜짝 놀랐다. 래리 씨는 계속해서 말을 이어갔다.

"그런데 바브도 그 사고로 죽었어요. 스티브는 다쳤고 데비는 중태에 빠졌다고 하네요."

그 소식까지 듣고 나자 나는 완전히 충격에 휩싸였다. 대타로 근무하러 나오지 않았더라면 나도 그 애들과 함께 있었을 텐데! 그들과 함께 갔다면 나 역시 죽었을지 모른다. 가까운 친구 두 명을 잃은 것은 힘겨운 일이었고, 이 비극적인 사건은 마을 전체에도 큰 충격을 주었다.

그날 이후로는 테스티 프리즈에서 대타로 근무할 일이 단 한 번도 없었다. 그로 인해 더욱 분명해진 사실은 하나님께서 그날 있었던 그 자연적인 사건들 속에 초자연적으로 개입하셨다는 것이다. 하나님께서는 우리 엄마, 그리고 아팠던 그 직원을 사용하셔서 죽음에까지 이를 수 있었던 그 위험에서 나를 보호하셨다.

누가 그랬어?

1977년 8월 16일, 엘비스 프레슬리가 사망한 그날, 오랫동안 사귀었던 남자친구 톰과 헤어졌다. 내가 톰에게 어울릴 만한 사람이 아니라고 느껴졌기 때문이다. 내 인생 가운데 있던 수치심이 나를 지배하고 있었던 것이다. 다른 사람들과 데이트를 시작하면서 열일곱에서 열여덟 살이 되던 8개월 동안 무려 여덟 번이나 청혼을 받았다. 누군가와 데이트를 하다 보면 그 사람이 청혼을 했고, 그 청혼을 거절하면 그것으로 관계는 끝이 났다. 그들이 내게 일어났던 일을 알게 된다면 더 이상 나를 원하지 않게 될 것만 같았다. 어린 시절 성적 학대를 당한 경험 때문에 나는 그 누구에게도 충분치 못한 사람이라고 느껴졌다.

톰과 헤어진 후로는 술집에 들락거리기 시작했다. 술을 마시며 늦은 시간까지 술집에 머물러 있곤 했다. 어느 날 밤, 주말이면 종종 들리곤 하던 러스티 네일이라는 술집에서의 일이었다. 바텐더와 얘기를 나누고 있는데 내 뒤쪽으로 한 남자 다가오더니 내 엉덩이를 꼬집었다. 뒤로 돌아서 그 남자에게 말했다.

"한 번만 더 그러면 당신 한 방 먹을 줄 알아!"

그러자 바텐더가 말했다.

"당신이 정말로 저 사람을 한 대 친다면 제가 복숭아 시냅스 여덟 잔을 쏠게요."

2분도 채 지나지 않아 그 남자가 다시 걸어오더니 내 엉덩이를 또 꼬집었다. 나는 뒤돌아서 그 남자의 얼굴에 펀치를 날렸다. 남자는 휘청하더니 바닥으로 나가떨어져 기절해 버렸다. 술집 경비원들이 몰려오더니 "누가 그랬어?" 하고 물었다. 주위에 있던 사람들이 나를 가리키며 소리쳤다.

"이 여자가 그랬어요!"

경비원들은 믿을 수 없다는 표정으로 나를 바라보았다.

"정말로 당신이 그랬어요?"

체포되지는 않을까 두렵기는 했지만 사실대로 말했다.

"네, 제가 그랬어요."

그러자 그들은 소리 내어 웃기 시작했다. 그 남자가 내게 어떻게 했는지를 설명하자 경비원들은 남자를 바닥에서 들어 올려서 술집 바깥 눈더미 위에다 던져 버렸다. 나는 다시 바텐더 쪽으로 돌아앉으며 이야기했다.

"자, 아까 약속한 그 술이나 쭉 내오시죠!"

남자를 때려눕힐 정도로 내 힘이 센 것은 아니었다. 성적 학대를 당한 경험 때문에 내 안에 억눌린 분노가 그런 힘을 발휘했다는 것을 나는 알고 있었다.

1978년 3월 24일, 그날도 나는 러스티 네일에 있었고, 거기서 머지 않아 내 남편이 될 사람을 처음으로 만났다. 그 사람의 이름은 '존 스미스'(가명)로 해두겠다. 우리는 바로 그 다음 주부터 데이트를 시작했고, 관계는 급속도로 발전하여 3개월 만에 약혼하게 되었다. 그리고 8월에는 그의 부모님과 조부모님, 삼촌과 고모들이 살고 있는 집들 옆에 우리가 함께 살 집을 짓기 시작했다. 그 집은 조립식 건물로, 뼈대는 세워져 있고 집 주인이 마무리를 지으면 되는 형태였다. 우리는 이듬해 4월 결혼하기 전까지 매일 밤 그 집에서 일했다. 존의 가족 대부분이 판매업에 종사했는데, 그분들이 배관, 전기 공사, 가구 제작, 바닥 공사, 카펫 설치 등을 도와주셨다.

하나님, 제가 신데렐라 같아요

제 2장

더 심한 고통과 수치

우리의 삶에 고통이 찾아왔을 때, 우리는 무언가 새로운 일을 함으로써 기분도 더 나아지고 계속해서 전진할 수 있으리라 생각하겠지만 실상은 그렇지 않다. 우리가 외면했던 그 고통은 더 심한 고통으로 향하는 길을 열어줄 뿐이다.

More Pain And Shame

1978년 9월, 나는 두려움에 사로잡혀 제정신이 아니었다. 임신했다는 사실을 알게 된 것이다. 엄마가 얼마나 속상해하실지 분명했기 때문에 엄마에게 이야기하는 것조차 너무나 두려웠다. 존과 나는 이제 막 집을 짓고 있었고, 우리가 아기를 감당할 만한 여력이 있다고 생각하지 않았다. 몇 달이 지났는데도 나는 존과 올케에게만 임신 사실을 알렸다. 올케는 어디로 가면 낙태 수술을 할 수 있는지 알려주었다. 그렇게 나는 낙태라는 잘못된 결정을 내리고 말았다. 존은 수술을 위해 나를 뉴욕 버팔로에 데려다 주었다. 의사 선생님은 사무실 안쪽으로 나를 부르더니 이렇게 말했다.

"합병증이 있을 가능성이 있기 때문에 저는 보통 뒤늦은 시기에 낙태 시술하는 것을 꺼리는 편입니다. 수술을 하기에는 너무 늦은 감이 있네요. 하지만 이 포기 서류에다 사인을 하신다면, 어쨌든 수술을 진행하겠습니다."

나는 임신에 대한 죄책감과 수치심, 정죄감에 계속해서 사로잡혀 있었고, 엄마를 실망시키고 싶지도 않았다. 그 당시에는 낙태를 하는 것이 옳은 결정이라고 생각했다. 하지만 집으로 돌아오는 길에서부터 내 마음에는 이런 생각들이 부딪쳐 왔다. '네가 한 일을 좀 봐! 대체 왜 그렇게 했니? 방금 넌 네 아기를 죽인 거야! 이 바보 멍청아!' 끔찍한 일이었다. 내가 그 죄를 고백하고 인정하던 그날까지, 나는 이 고통을 짊어지고 살았다. 무려 이십 년간의 고통이었다. '낙태'라는 단어를 들을 때마다 내 육체는 낙태 이후에 찾아온 상실감으로 괴로워했고, 당시의 끔찍한 고통이 되살아났다.

결혼하기 한 달 전에는 존과 크게 말다툼을 했다. 이 결혼을 다시 생각하고 싶은 마음에 내 약혼반지까지 그에게 돌려주었다. 우리는 거의 2주 동안 대화를 하지 않았다. 하지만 존과 나는 집도 함께 지으며 거기에 엄청난 시간과 노력을 들였다. 낙태로 인해 생겨난 말 없는 수치심은 나로 하여금 이런 생각을 하게 했다. '잠자리를 다 폈으면, 이제 그 위에 누워 잠을 자야지. 자업자득이잖아.' 그렇게 나는 존에게로 돌아갔다.

우리의 삶에 고통이 찾아왔을 때, 우리는 무언가 새로운 일을 함으로써 기분도 더 나아지고 계속해서 전진할 수 있으리라 생각하겠지만 실상은 그렇지 않다. 우리가 외면했던 그 고통은 더 심한 고통으로 향하는 길을 열어줄 뿐이다.

나는 열아홉에 동네 성당에서 결혼했다. 결혼식 리허설을 하던 날 밤은 그야말로 엉망진창이었다. 엄마는 성당으로 걸어 들어오면서 담배를 피우고 계셨는데, 신부님이 그것을 보고 엄마를 나무랐다. 그러자 엄마는 벽에 붙어 있던 물두멍 쪽으로 걸어가서 그게 재떨이인 줄 알고 거기에 담뱃불을 끄셨다. 그것이 성수(聖水)인 줄은 전혀 모르셨던 것이다. 결국 성당 뒤편에서는 우리 엄마와 오빠, 신부님 사이에 시끌벅적한 말싸움이 붙었고, 나는 '이 결혼식은 이제 끝이구나.' 생각했다.

결혼식 당일에는 오르간 연주자가 결혼 행진곡 전주 부분을 무려 일곱 번이나 연주해야 했다. 전주가 울렸는데도 내가 좀처럼 움직일 수 없었기 때문이다. 아빠가 말씀하셨다.

"루루(루앤의 애칭)야, 어떻게 된 거야?"

"모르겠어요, 그냥 움직일 수가 없어요."

마치 누군가 혹은 무언가 앞으로 가지 못하도록 내 발목을 붙들고 있는 것 같았다. 나는 이 결혼을 다시 생각하고 싶었지만 여기까지 온 마당에 어쨌든 강행하기로 마음먹었다.

결혼식을 마치고 엄마에게 작별 키스를 했을 때 엄마는 "너를 사랑한다."라고 말씀하셨다. 엄마가 사랑한다고 말씀해 주신 것은 그때가 처음이었다. 그러나 나는 그 말을 듣고 이런 생각을 했다. '엄마는 내가 이 집을 떠나기 때문에 나를 사랑하시는 거잖아요.' 이제 나는 원수들이 우리에게 어떤 식으로 속삭이는지를 잘 알고 있다. 그러나 그때는 원수가 속삭이는 그 거짓말에 속고 있었다. 어렸을 적 내 친구들이 자기 엄마나 아빠에게 작별 키스를 하면서 "사랑해요"라고 하는 것을 들었을 때, 나는 참 어색한 일이라고 생각했다. 그래서 하루는 친구에게 물어보기까지 했었다. "왜 그런 말을 하는 거야? 좀 어색하지 않니?" 내가 결혼한 이후에 엄마는 자신이 언제나 나를 사랑해 왔었다고 말씀해 주셨다. 그러나 나로서는 그 말을 믿기가 어려웠다. 그로 인해 나는 다른 사람들의 사랑을 받아들이는 것도 힘들어했다.

현재 내 남편인 데일(그는 뒤에 나올 이야기에 등장한다)은 근 삼십 년간을 목회자로 있었다. 데일은 엄마에 관한 이 문제를 내가 이해할 수 있도록 도와주었다. 엄마는 나를 진정으로 사랑하셨지만, 그녀 역시 자신만의 고통을 짊어지고 계셨던 것이다. 내가 집을 떠날 무렵이 기점이 되어, 엄마는 줄곧 마음속으로 느껴 왔던 것을 말씀하실 수 있었다. 그러나 사랑한다는 말을 들을 수 없었던 어린 시절로 인해 나는 수년간을 아파하며 살아야 했다.

먼저는 개, 그 다음은 나

결혼 생활을 시작하던 첫째 주부터 남편 존은 야간 근무를 해야 했다. 나는 과거에 성적 학대를 당했던 경험 때문에 혼자 있는 것이라면 질색이었다. 그래서 엄마가 키우던 개를 친구 삼아 데려왔다. 그 개는 '지보'라는 이름의 애완용 푸들이었는데, 여러 해 동안 우리 가족이 키우던 것이었다. 지보를 데리고 새 보금자리에 들어서자마자 이 녀석이 부엌 바닥에다 오줌을 싸고 말았다. 그러자 존이 곧장 달려와서 지보를 집어다가 밖으로 내던졌다. 그리고 돌아와서는 나 역시 들어 올려 바깥으로 쫓아내고 등 뒤에서 대문을 잠가 버렸다. 그리고 현관 조명까지 꺼버리고 한 시간 동안 나를 어둠 속에 버려두었다. 그날 밤 마음속으로 생각했다. '도대체 이 결혼을 왜 했을까?'

데비는 내게 마치 딸 같았는데, 결혼하기 전에 가끔 나를 만나러 오곤 했다. 데비네 가족과 우리 가족은 서로 친한 친구였다. 그래서 내가 결혼한 뒤에 존이 야간 근무를 할 때면 데비가 우리 집에 놀러 와서 하룻밤 자고 가곤 했다. 이제 이야기하려는 사건은 데비가 고작 아홉 살밖에 되지 않았을 때 일어났던 일이다. 데비와 함께 거실에 있을 때 존이 들어오더니 갑자기 고함을 치며 내 몸을 밀치고 때리기 시작했다. 그리고 내 자동차 열쇠를 빼앗아 가려고 했다. 함께 있던 데비는 재빨리 의자 뒤로 몸을 숨겼다. 아이는 나를 염려하면서도 한편으론 잔뜩 겁에 질려 있었다. 나는 데비에게 자동차 열쇠를 던져주며 어서 차에 가 있으라고 했다. 나도 지갑을 집어 들고 재빨리 데비를 따라나섰다. 그렇게 집을 나와 엄마가 있는 집으로 도망쳤다. 그날 뒤늦게 집으로 돌아갔을 때는 존도 어느 정도 진정돼 있었다. 하지만 그가 언제 또 분노를 폭발할지 예측할 수 없었기 때문에 내 안에는 항상 커다란 두려움이 있었다.

기도하기를 배우다

결혼 후 처음으로 맞이하는 여름이었다. 책 외판원이 집으로 찾아왔다. 그는 이상하게도 뒷문을 두드렸다. 그리고 문을 열어주자마자 집안으로 마구 밀치고 들어오더니 매우 시끄러운 목소리로 떠들기 시작했다. 남편이 지금 자고 있는 중이니 목소리를 좀 낮춰 달라고 하자 그가 물었다.

"왜 남편이 이런 낮 시간에 잠을 자고 있죠?"

나는 무심코 답했다.

"야간근무를 하거든요."

남자는 계속해서 책을 사라고 강요했다. 게다가 자기는 '지금 바로' 돈이 필요하다고 했다. 내가 거듭 거절하자 남자는 매우 성을 내면서 떠났다.

자정 무렵, 남편이 출근한 지 얼마 되지 않아 누군가 뒷문을 서성이는 소리가 들렸다. 집안으로 들어오려고 손잡이를 돌리는 듯했다. 뒤이어 합판 위로 걸어가는 발자국 소리도 들렸다. 우리 집 지하실로 통하는 바깥쪽 계단 위에 임시로 합판을 덮어 두었는데, 그 위를 걸어가는 소리였다.

불현듯 낮에 있었던 일이 떠올랐다. 이상스런 그 젊은 남자에게 남편이 야간 근무를 한다고 얘기했던 것이다. 그는 분명 남편이 집을 나서기만을 기다리며 우리 집을 주시하고 있었을 것이다. 거기까지 생각이 미치자, 나는 당시 갓난아기였던 우리 아들 마이클을 재빨리 안아 가지고 내 침대에 눕혔다. 그리고 절대 그 사람이 우리 집에 들어오지 못하게 해달라고 거의 미친 사람처럼 기도했다. 그 때 앞문을 열려고 하는 소리가 들려왔다. 나는 기도를 멈추지 않았고, 마침내 그가 포기하고 떠나는 것을 확인할 수 있었다. 그때서야 겨우 잠이 들었다. 후에 알게 된 일이지만 경찰 측에서는 이 남자를 우선순위로 경계하도록 공표한 바 있었다. 그가 우리 집에 찾아왔던 바로 그 다음날 아침, 경찰들은 이 남자가 한 주차장에서 젊은 여성을 칼로 협박하여 인질로 붙들고 있는 것을 발견했다. 오랜 시간 경찰과 대치한 뒤에야 상황은 종료되었다. 그 당시 하나님과 나의 관계가 그렇게 강력한 것은 아니었지만, 주님 앞에서 내가 올려드린 기도에는 힘이 있었다. 주님은 우리가 있는 바로 그곳에서 우리를 만나 주신다. 그분은 그렇게 나의 부르짖음을 들으셨다.

이듬해 여름, 존은 계속해서 말싸움을 걸어왔고, 한번은 침실로 걸어 들어가더니 총을 가지고 나와 내 쪽을 겨누며 죽여 버리겠다고 위협했다. 나는 말했다.

"그래, 당신이 원한다면 어디 그렇게 해봐."

그러자 이번에는 총구를 돌려 자살하겠다며 겁을 줬다. 나는 집 밖으로 달려 나가 바로 옆집에 사시는 존의 아버지에게로 갔다. 존의 아버지가 와서 그를 겨우 진정시켰다. 그리고 나와 아기를 차에 태워 우리 부모님 댁에 데려다 주었다. 엄마는 제발 그 집으로 돌아가지 말라고 애원했지만, 나는 내 아들이 아버지 없이 살게 하고 싶지 않았다. 존은 아들에게만큼은 잘해 주었다. 사실 그는 갑작스레 불같이 화를 낼 때를 제외하고는 내게도 잘해 주는 편이었다.

그 무렵 나는 테스티 프리즈에서 일주일에 이틀 밤씩 매니저 일을 했다. 그때 씨씨라는 이름의 한 십대 소녀가 나에게 구원을 받았느냐고 물었다. 나는 가톨릭 신자라고 말한 뒤 "구원 받는다는 게 무슨 의미인데?" 하고 물었다. 씨씨가 설명해 주었다. "만약 당신이 정말로 구원을 받는다면, 당신이 구원 받았다는 그 사실을 절대 잊지 못할 거예요." 여러 해가 지난 후에야 씨씨가 했던 말들이 떠올랐다. 존과 함께 지은 집에서 칠 년을 살았을 무렵, 존이 노스캐롤라이나에서 새로운 일자리를 찾게 되었다. 평생 그 마을을 떠나 본 적 없던 나로서는 이사한다는 것이 쉽지 않은 일이었다.

청색등의 노상강도

스물여덟 살 때의 일이었다. 롤리 더함 공항에서 집으로 오는 길에 청색등을 켠 차 한 대가 내 차 꽁무니를 뒤밟았다. 청색등 불빛이 워낙 눈부셔서 그 차를 자세히 살펴볼 수는 없었지만, 경찰차려니 하고 일단 도로 옆쪽에 주차한 채 경찰이 다가오기를 기다렸다. 한 남자가 차에서 내려 내 쪽으로 걸어왔는데 그 남자는 제복을 갖춰 입지도, 경찰모를 쓰고 있지도 않았다. 뭔가 이상해서 차창을 1인치 정도만 내렸다.

그는 차창 쪽으로 다가와서는 자신의 신분이 경찰이라고 밝혔다. 하지만 면허증이나 자동차보험증을 요구하지 않는 것으로 보아 좀 수상하다는 생각이 들었다. 그 남자는 단지 내 이름을 알려고 했다. 바로 그때 뒷좌석에서 자고 있던 아들 마이클이 잠에서 깨어나 "엄마, 무슨 일이에요?" 하고 물었다. 이것이 그 '경찰관' 이라던 사람을 깜짝 놀라게 한 모양이었다. 그는 갑작스레 뒤로 물러서며 말했다. "다른 호출이 들어왔네요." 그리고 황급히 자기 차로 돌아가 곧바로 출발했다.

몸이 부들부들 떨려오기 시작했다. 무언가 잘못됐음이 틀림없었다. 그 남자가 그렇게 떠나준 것이 천만다행이었다. 우리 아들이 딱 적절한 시점에 깨어나 준 것이다. 다음날 석간신문을 보니 경찰이 바로 어제 고속도로에서 소위 '청색등의 노상강도'라 불리는 남자를 체포했다는 기사가 있었다. 그 남자는 주간 고속도로를 배회하며 혼자 있는 여성을 노리는 강간범이었다.

외로움 때문에 속다

존과 몇몇 동료들은 '사내들만의 주말'을 보낸다며 마을을 벗어나 있었다. 그날 나는 두 아들을 데리고 영화를 보러갔다. 집으로 돌아오는 길에 큰아들이 학교 축구경기에 잠깐 들러 누가 이기는지 보고 가자고 했다. 경기장으로 들어서던 중에 바깥쪽으로 나오던 코치 한 사람이 내게 말을 걸어왔다. 짧은 대화였다. 코치는 애들 아빠는 어디 갔는지 물었고, 나는 남편은 마을을 벗어나 출장 중이라고 답했다. 겉보기에는 아무런 문제없는 순수한 대화 같았다.

그렇게 축구경기가 끝나고 집으로 돌아왔을 때 전화벨이 울렸다.

얼마 전 대화를 나눴던 바로 그 코치였다. 코치는 우리가 집에 안전하게 도착했는지 물었다. 내가 혼자였음을 알고 있었기 때문이었다. 그렇게 확인해 주는 것은 참 친절한 일이었지만 한편으로는 다소 이상하다는 느낌이 들었다. 그럼에도 누군가 나를 신경 써준다는 것에 기분이 좋아 잠시 동안 그와 이야기를 나누었다. 그때 나는 원수가 어떤식으로 내게 불륜의 덫을 놓고 있었는지 알아차리지 못했다.

주일날 남편이 주말 파티에서 돌아왔다. 이런 주말 파티가 끝나고 나면 남편은 항상 내게 못되고 이상스럽게 굴었다. 그날 밤도 존은 고함을 치며 나를 마구 때린 뒤, 내 몸을 들어 올려 차가운 콘크리트 바닥이 깔린 문밖으로 쫓아냈다. 그리고 이내 대문을 잠가 버렸다. 존은 전에 살던 곳에서도 나에게 여러 번 이렇게 했었기 때문에 이번 일도 그리 특별할 것은 없었다.

마침 주머니 속에 자동차 열쇠가 있어서 일단 차를 타고 운전해 갔다. 곧 공중전화를 발견하고 그 앞에 차를 세운 뒤 그 코치 친구에게 전화를 걸었다. 그에게 방금 어떤 일들을 겪었는지 털어놓았다. 그는 자기 아이들을 데리고 피자 파티에 가 있다고 했다. 그 친구는 싱글대디였는데 혼자서 아이들을 양육하고 있었다. 그는 사람들에 대한 정이 깊은 사람이었기에 남편이 나를 대하는 방식에 대해 진심으로 염려해 주었다.

주변 모든 사람들은 존과 내가 완벽한 커플이라고 생각했다. 그래서 남편이 나를 두고 떠나 버렸을 때, 주변 사람들은 완전히 충격을 받았다. 사람들은 우리가 좋은 가정의 모델이라고 생각했다. 존은 두 아들의 삶에 깊이 관여하여 아이들이 하는 체육 활동에 모두 동참했다. 또한 우리 가족은 매 주일 함께 미사를 드리러 갔다. 존은 다른 사람들 앞에서는 내게 매우 잘해 주었고, 우리 두 아들 역시 이십삼 년간의 결혼생활이 종지부를 찍던 그 무렵 이전에는 아빠가 엄마를 때리는 모습을 전혀 본 적이 없었다.

존은 때때로 내게 잘 대해 주었지만, 그렇지 않을 때는 심하게 짜증을 내거나 통제를 했다. 게다가 일단 화가 나면 그야말로 상상을 초월했다. 존은 말로도, 정신적으로도, 육체적으로도 나를 학대했다. 그가 휘두른 폭력으로 인해 내 셔츠의 대부분은 목 부분이 찢어져 있었다. 지옥 같은 밤을 보내고 나서도 다음날이 오면 존은 아무 일 없었다는 듯이 잠에서 깨곤 했다. 그러한 '사건' 후에는 무언가 좋은 것들을 내게 선물해 주었다. 그 일이 거의 병적인 것임을 알고 있었지만, 때로는 나도 그 학대 이후에 받을 보상으로 인해 그 순간을 도리어 기다린 적도 있었다. 존은 이러한 학대가 마치 내 잘못인양 느끼게 만들었다. 사실 이것은 학대의 영 또는 학대를 행하는 자들이 지니는 본성이다. 나는 여러 모로 존과 종속적 관계에 있었다.

나는 마치 두 명의 서로 다른 사람과 두 종류의 삶을 살아가는 것만 같았다. 그래도 이혼을 원하지 않았다. 이혼이 우리 아이들에게 어떠한 영향을 미칠지 알고 있었기 때문이다. 하지만 존의 학대가 반복되는 양상을 보이면서, 결혼 생활을 지속하는 것 역시 원하는 바는 아니었다. 결혼 생활 이 년째를 맞이하던 무렵, 친정집으로 가던 길에 존은 내가 엄마 집을 방문하는 것에 관해 말싸움을 걸어왔다. 그러다 그의 분노가 폭발하여 거칠게 브레이크를 밟아 차를 세우더니 나더러 당장 차에서 내리라고 했다. 나는 뒷좌석에 있던 4개월 된 아들에게 손을 뻗어 아이를 데리고 차에서 내렸다. 그날 누군가 차를 세워 우리를 태워 줄 때까지 3마일(약 4.8킬로미터) 가량을 걸어가야만 했다.

나의 코치 친구는 정말로 내게 마음을 쓰는 것 같았다. 그래서 나는 좀 더 편하게 그를 만나고자 파트타임으로 일하기 시작했다. 하지만 그런 식으로 사는 내 자신이 너무나 싫어져서 그 일도 곧 그만두게 되었다. 직장을 그만두던 마지막 날 밤, 나는 이웃 사람에게 물건을 할부로 구입할 수 있도록 할인을 해주었다. 그 물건 값의 총액이라고 해봤자 100달러 조금 넘는 금액이었다. 그런데 직장 상사가 나를 사무실로 부르더니 물건을 특별히 할부로 구입할 수 있게 해준 사실이 있는지 물었다. 나는 사실대로 그렇다고 답했다. 그러자 상사는 회사에서 나를 기소하려고 생각하는 중이기 때문에 그 사실을 미리 통지하는 것이라고 했다. 나는 죄송하다고 말할 수밖에 없었다. 그로부터 두 주 후에 전화 한 통을 받았다. 내가 일하던 매장의 매니저가 말하길, 회사에서 기소 절차를 계속 진행할 예정이라고 했다. 그래서 내가 피의자기록을 위해 경찰서에 출두해야만 한다는 것이었다. 그 정도 할인을 해주었다고 회사에서 기소까지 했다는 사실이 좀처럼 믿기지 않았다. 하지만 이제 와 보니 그 일은 하나님께서 나의 불륜 문제를 다루시기 위해 내 주의를 끌고 계셨던 것이었다.

경찰서로 들어서자 경관 한 사람이 물었다.

"아니, 당신처럼 멀쩡한 여성분이 이런 곳에는 웬일이십니까?"

"일하던 가게에서 제가 할인을 해주었다는 이유로 기소를 당했어요."

그 경찰관은 껄껄 웃더니 내 이름을 묻고는 기소 관련 서류를 찾으러 갔다. 그리고 어느 틈엔가 나는 지문 채취를 당하고 사진을 찍었다. 매우 창피스런 경험이었다. 그 사건을 겪으면서 수치심의 영이 나를 뒤따랐다. 결혼생활의 대부분을 가정주부로 지내 왔기 때문에, 사람들이 이런 나를 어떻게 생각할지 더욱 두려웠다.

기소에 대한 처벌은 한 지방검사 사무실에서 사회봉사를 하는 것으로 결론이 났다. 지방검사는 나에게 주 최고법원에서 담당하는 아동 성적 학대 및 살인 사건의 배심원단에 들어가라고 했다. 배심원단은 의견이 양분돼 있었고, 판결은 내 결정에 달려 있었다. 하나님께서 나로 하여금 일생 동안 싸워왔던 그 학대의 영에 맞서 목소리를 내게 하신 것은 참으로 놀라운 일이었다. 그렇게 사회봉사를 마친 후에는 불륜에도 종지부를 찍었다. 나는 더 이상 이중적인 생활을 견딜 수 없었다. 내가 저지른 잘못들을 바로잡고 싶었지만 어떻게 해야 할지 알지 못했다. 얼마 지나지 않아 남편이 주의 다른 지역으로 전근을 가게 됐고, 나는 그곳을 떠날 수 있다는 사실이 몹시 반가웠다. 그렇게 나는 내 안에 있던 수치심으로부터 도망쳐 가고 있었다. 상황은 점점 더 악화되는 듯했지만 사실은 더 나아지고 있었다.

제 3장

그 버튼에 손대지 마세요!

병들고 피곤한 현실에 지긋지긋하고 지치는 바로 그때야말로 하나님을 찾기에 매우 좋은 시기이다. 원수가 나를 멸하려고 보내온 것을, 하나님은 나를 그분께로 이끄는 기회로 삼으시고 그분의 엄청난 능력을 보이셨다. 기도에 응답을 받고 치유 받은 것으로 인해 내 마음속에는 하나님을 향한 깊은 믿음과 사랑이 심겨졌다.

Don't Touch That Dial

1992년 가을이었다. 우리는 그 당시 주 반대쪽으로 막 이사를 했다. 내 나이는 서른셋이었고, 아들 둘은 각각 일곱 살과 열두 살이었다. 그때는 내 인생 중 매우 어려운 시기였다. 엄마는 얼마 전 암 진단을 받고 유방 절제 수술을 마친 상태였다. 우리 자매들과 나 역시 암 관련 검사를 해보라는 조언을 받았다. 그리고 검사 도중 의사가 내 왼쪽 난소에서 포도알만 한 종양 하나를 발견했다. 두려움에 압도되어 꼼짝도 할 수 없었다. 과거의 일들로 인한 죄책감과 수치심은 이런 일을 겪는 것이 마땅한 일인 양 느껴지게 만들었다. 예전에 성적 학대를 받은 경험 때문에 문제가 생길 때마다 항상 스스로를 탓하는 반응을 보이는 것이 일반화되어 있었다. 하나님께서 내 죄에 대해 벌하고 계신다는 생각마저 들었다. 검사 후 3주 뒤에 수술을 받기로 일정을 잡았다.

그 무렵 어느 날, 아들 매튜가 소리를 지르며 엉엉 울면서 잠에서 깼는데, 그 후로는 일어나서 제대로 걷지를 못했다. 소아과에 데려가 보니 일곱 살짜리 아들의 다리에 암이 발병한 것 같다며 좀 더 검사를 해봐야 한다고 했다. 큰 아들 마이클은 당시 알레르기 전문 의사에게 진료를 받고 있었다. 우리가 이사 간 아파트에 전에 살던 세입자가 키우던 애완동물 때문에 알레르기가 촉발된 모양이었다. 마이클은 알레르기 때문에 숨 쉬는 것조차 힘들어했다. 내 삶의 모든 것이 엉망진창인 것 같았다. 엎친 데 덮친 격으로 우리는 재정적으로도 허덕이고 있었다. 예전에 살던 집을 아직 처분하지 못해서 이사한 새 아파트 임대료와 더불어 예전 집 대출금까지 물고 있었다.

어느 날 아침, 아이들을 학교에 데려다 주고 아파트로 돌아와서 감정적으로 완전히 고갈된 채로 흔들의자에 주저앉았다. 텔레비전을 켜고 이 채널 저 채널을 넘겨보았다. 그러다 한 설교자가 하는 말을 들었다.

"병들고 피곤한 현실이 지긋지긋하고 지치지 않습니까?"

나는 생각했다. '저 사람이 지금 내 이야길 하는구나!' 막 채널을 돌리려는 순간 그 설교자가 말했다.

"그 버튼에 손대지 마세요!"

깜짝 놀랐다. 그 사람이 마치 내게 직접 말하고 있는 것 같았다. 그래서 계속해서 그 방송을 봤다. 그는 말했다.

"저는 당신이 예수님을 알고 있다는 사실을 압니다. 하지만 당신은 예수님을 당신의 주와 구원자로 알고 있지 않군요."

나는 생각했다. '저 사람이 말하는 게 무슨 뜻일까?' 나는 성당에서 결혼식을 하기 위해 열여덟 살에 가톨릭 신자가 되었다. 우리 가족은 그 후로 매 주일 단 한 주도 거르지 않고 미사를 드리러 갔다. 하지만 그 설교자가 이야기하는 바가 무엇인지 잘 이해할 수 없었다. 저 설교자는 누구이기에 내가 예수님을 나의 주와 구원자로 알고 있지는 않다고 말하는 걸까?

로버트 틸튼이라는 이름의 그 설교자는 거듭 강조했다.

"당신이 예수님을 안다는 사실은 저도 알고 있습니다. 하지만 당신은 그분을 당신의 주와 구원자로는 알고 있지 않습니다. 저와 함께 이 기도를 따라하시고 그분을 당신의 마음에 영접하십시오. '예수님, 내 마음속에 찾아오셔서 나의 주와 구원자가 되어주세요. 제 모든 죄를 용서해 주시고 저를 당신의 성령으로 채워 주세요.'"

나는 그 기도를 따라하고 텔레비전을 껐다(만약 여러분 중에서도 예수님께 나의 주와 구원자가 되어 달라고 단 한 번도 기도해 보지 못한 분이 있다면, 위에 있는 기도를 따라하면 된다. 로마서 10장 13절을 참고하라. "누구든지 주의 이름을 부르는 자는 구원을 받으리라"). 그런데 이 기도가 내 삶을 영원히 바꾸어 놓았다.

기도를 마친 후 위층으로 올라가 샤워를 하고 있었다. 샤워 도중,

커다랗고 뜨거운 덩어리가 왼쪽 발목을 통과하여 내 몸속으로 들어왔다. 그 열기는 다리를 훑고 올라가 상반신을 통과하여 왼쪽 팔로 내려갔다가 다시 머리까지 올라가서 이내 오른쪽 팔을 쓸고 내려가 오른쪽 다리까지 쭉 내려갔다. 방금 내 몸에 일어난 일은 분명 초자연적인 것이었다. 그게 정확히 무엇이었는지는 몰라도, 뜨거운 열 덩어리가 분명히 느껴졌다.

갑작스레 몸이 극도로 피곤해져서 침대에 누워 약 두 시간 동안 잠에 빠져들었다. 지난밤 잠도 푹 잤고 시간상으로도 아직 아침이었기 때문에 그렇게 깊이 잠든 것이 나도 잘 이해가 되지 않았다. 하나님께서 내 속 깊숙이 사역하고 계셨던 것이다. 그분은 내 안에서 치유의 절차를 밟아 가고 계셨다. 감정적, 언어적, 육체적, 성적 학대로 점철됐던 내 인생의 고통을 치유하고 계셨다.

잠에서 깨어났을 때, 나는 주님께서 나를 깊이 만져 주셨다는 것을 알 수 있었다. 너무나 상쾌하고 자유로운 기분이 들었다. 다 이해할 수 없어도 내 자신이 달라졌다는 것만은 분명했다. 지금 와서 뒤돌아보니, 그날 이후로 내 삶은 급속도로 개선되기 시작했다. 욕을 자주 하는 편이었는데 욕하기를 멈췄으며, 예전처럼 쉽게 화를 내지도 않았다. 화나는 일이 있어도 그 일이 전처럼 내게 영향을 미치지 못했다.

그리고 그때부터 기적이 시작되었다! 난소에 있던 종양이 양성으로 판명되었다! 크리스마스를 사흘 앞두고 종양을 제거했는데, 수술

부위가 워낙 급속도로 회복된 나머지 수술 바로 그 다음날 퇴원할 수 있었다. 집으로 돌아와서도 활력이 넘쳐서 곧바로 집안 청소를 하기 시작했다. 그리고 그 다음날은 온 가족이 크리스마스를 맞아 우리 부모님을 찾아뵙기로 결정했다. 차로 열한 시간 걸리는 거리였다. 우리의 방문이 엄마에게는 크리스마스 깜짝 선물이 되었다. 하나님께서 이토록 빨리 회복될 수 있도록 나를 도우신 것을 보고 엄마는 매우 놀라워하셨다. 엄마 역시 이것이 기적이라고 생각하셨다.

우리 아들 마이클의 알레르기도 진정되었다. 또한 매튜의 의사 선생님은 침실 창문을 열어둔 것이 아이의 골반 부위에 한기가 들게 해서 걸을 수 없었던 것이라고 진단을 내렸다. 그래서 매튜 역시 이내 괜찮아졌다!

병들고 피곤한 현실에 지긋지긋하고 지치는 바로 그때야말로 하나님을 찾기에 매우 좋은 시기이다. 원수가 나를 멸하려고 보내온 것을, 하나님은 나를 그분께로 이끄는 기회로 삼으시고 그분의 엄청난 능력을 보이셨다. 기도에 응답을 받고 치유 받은 것으로 인해 내 마음속에는 하나님을 향한 깊은 믿음과 사랑이 심겨졌다. 예수님을 삶 가운데 받아들인 직후 얼마 동안 일어났던 일들이 워낙 초자연적인 것들이었기 때문에 모든 일에 하나님을 신뢰하는 것이 내게는 너무나 당연한 일처럼 느껴졌다.

타협은 없다

어느 날 아침 코치 친구가 전화를 했다. 나는 곧바로 내가 그리스도인이 되었으며 내 삶을 주님께 드렸다는 사실을 그에게 알려 주었다. 또한 내가 교회 안에서 자라났기 때문에 그리스도가 누구이신 줄이미 알고 있다고 생각했지만, 그분을 나의 주와 구원자로 영접하지않고 있었다는 이야기를 했다. 그리고 코치 친구에게 그간 그와 함께불륜을 저질렀던 것에 대해 용서를 구했다. 그러고 나서 그에게 이렇게 말했다.

"다시는 내게 전화하지 말아 주세요. 이제 제 결혼 생활을 제대로해보려고 하니까요."

이야기를 마치면서 이런 말도 덧붙였다.

"당신도 그리스도인이 될 수 있도록 기도할게요."

그렇게 전화를 끊고 다시는 그와 연락하지 않았다. 관계를 정리하기 위해서는 내가 먼저 결단력 있게 행동해야 한다는 것을 알고 있었다. 주님께로 돌아선 뒤로 나는 불륜이 학대 관계의 또 다른 유형에 불과하다는 사실을 깨달았다. 학대를 받아온 사람들에게 불륜은 무척이나 위로를 주는 것 같지만, 실제로는 더 심한 고통과 수치심을 쌓는 데그치고 만다.

쿠폰 기적

하나님께서 내 삶 가운데 무언가 초자연적인 일을 행하셨음이 분명했기에, 나는 매일매일 텔레비전으로 로버트 틸튼 목사님의 방송을 보기 시작했다. 방송을 보고 있노라면 하나님께서 나를 향해 직접 말씀하시는 것만 같았다. 로버트 틸튼 목사님은 항상 주님께 서원하는 것에 대하여 말씀하셨다. 나는 서원이 무엇인지 잘 몰랐지만 말씀에 순종하여 100달러를 틸튼 목사님의 사역에 드리기로 서원했다. 어떻게 그 돈을 지불해 나가야 할지도 잘 몰라서 평소에 슈퍼마켓에서 물건을 사면서 모아둔 쿠폰 지폐를 보내기 시작했다. 일주일에 1달러에서 2달러쯤 되는 금액이었다. 더불어 기도 제목들도 목사님께 보내기 시작했는데, 하나님께서 그 기도 제목들 전부에 유독 빨리 응답해 주시는 것 같았다. 그래서 나는 하나님께서 행하신 모든 기적에 관해서도 다시 편지를 썼다. 그러자 틸튼 목사님의 사역팀에서 전화가 와서 방송에 나와 내가 누린 기적들에 대해 간증해 달라고 요청했다. 전화를 받고 놀라면서도 기뻤지만 텔레비전에 나가는 것만큼은 원치 않았다. 우리 엄마는 카메라라면 질색이셨는데, 나 역시 그랬기 때문이다.

100달러 서원한 것 중 일부를 처음으로 지불했을 때, 남편은 직장에서 승진해서 노스캐롤라이나에서 펜실베이니아에 있는 공장으로 즉각 전근하게 되었다. 당시 우리는 새로 이사한 아파트 임대료에 예전에 살던 집의 대출금까지 계속 갚아 가고 있었다. 나는 이 영역에서도 하나님께서 재정적인 기적을 일으켜 주시리라 믿었다. 로버트 틸튼 목사님의 방송을 매일 시청하면서 내 믿음은 점차 증가되었다.

약 다섯 달쯤 후, 편지와 함께 100달러 서원한 것 중 마지막 2달러를 동봉해 우편함에 넣었다. 하나님께서 노스캐롤라이나에 있던 우리 집을 팔게 해주실 것을 믿고 이 서원을 갚았던 것이다. 우편함에 편지를 넣고 집으로 돌아가던 길에 전화벨이 울렸다. 노스캐롤라이나에 있는 부동산 중개업자였다. 그는 우리 집을 현금으로 팔게 되었다며 즉시 수표를 보내주겠다고 했다! 그 전화를 끊자마자 전화 한 통이 더 왔다. 이번에는 남편이었다. 남편이 전에 노스캐롤라이나에서 일하던 직장에서 강제 퇴직한 것으로 처리되어 퇴직급여 45,000달러를 받게 되었다는 소식이었다. 나는 이 일이 주님께 드린 서원의 결과로 일어난 것임을 분명히 알았다.

부모님께 이 간증을 나누자 너무나 즐거워하셨다. 나는 하나님을 찬양하지 않고는 견딜 수 없었다! 이제 우리 가족은 펜실베이니아에서 새 집을 마련할 수 있었다. 주님께 서원하는 것에는 초자연적인 무언가가 있다는 것을 나는 알게 되었다.

폭발적으로 증가하는 기적들

이번에는 로버트 틸튼 목사님의 사역팀에서 파는 기도 수건(prayer cloth)을 몇 장 주문했다. 기도 수건을 받아서 일단 내 가슴 부위에 거슬리게 돋아난 커다란 갈색 점 위에 붙여 두었다. 그리고 다음날 아침 일어나 수건을 떼어 보니 2분의 1인치 크기였던 점이 수건 안쪽에 그대로 떼어져 있었다. 점이 완전히 떨어져나간 것이다! 가슴에 있었던 점이 깨끗이 사라져서 원래 점이 있던 자리에는 흔적조차 남아 있지 않았다. 하나님께 찬양을 올려 드린다! 하나님께서 내게 행하신 그 기적은 너무나도 놀라웠다.

아들 매튜가 일곱 살 무렵 팔이 부러졌을 때도 이 기도 수건을 사용했다. 펜실베이니아로 이사하던 날, 우리는 짐을 풀기 전에 수영장에 가서 잠시 휴식 시간을 갖기로 했다. 매튜는 수영장 정글짐에서 놀고 있었다. 내가 선탠 크림을 다 발랐을 때쯤 매튜가 한쪽 팔을 늘어뜨린 채로 모퉁이를 돌아 뛰어왔다.

"엄마, 팔이 부러진 것 같아요!"

비명을 지르는 매튜의 얼굴 속에서 엄청난 고통과 슬픔을 느낄 수 있었다. 매튜는 팔이 부러졌을 뿐 아니라 팔꿈치가 탈골돼 있었다. 응급실 의사 선생님은 매튜의 팔이 두 동강 났기 때문에 정형외과 전문

의에게 수술을 받아야만 한다고 했다. 정형외과 전문의가 와서 매튜의 팔꿈치에 세 개의 핀을 박아 제자리에 고정시켰다. 그리고 앞으로는 매튜가 팔로 내던지는 동작을 절대 할 수 없을 것이라고 말했다. 매튜와 나는 하나님께서 팔을 치유해 주시기를 기도하고, 기도 수건 한 장을 깁스 안쪽에 살짝 감아 넣었다. 매튜의 팔과 팔꿈치가 급속도로 치유되는 것을 보고 의사조차 믿을 수 없어 했다. 게다가 얼마 지나지 않아 매튜는 다시 내던지는 동작을 할 수 있게 되었다! 매튜는 운동에 탁월한 재능이 있었는데, 특히 야구를 할 때는 팔 힘이 세서 주로 3루수나 유격수를 맡았다.

치유하시는 하나님을 향한 믿음은 더욱 자라났다. 한번은 허리를 다쳤는데 그 통증이 흡사 고문과도 같았다. 내가 손써본 방법으로는 통증이 좀처럼 경감되지 않았다. 그래서 사흘 밤을 안락의자에서 잠을 청해야 했다. 바닥에 눕는 것보다는 그나마 덜 고통스러웠기 때문이다. 그 무렵 나는 트리니티 기독교 방송(Trinity Broadcasting Network)과 '700 클럽'(Seven Hundred Club)이라는 방송을 거의 매일 시청하고 있었다. 방송 시청은 나의 영적 성장에 큰 도움이 되었다. 그날도 트리니티 방송에서 베니 힌 목사님의 설교를 듣고 있었다. 목사님은 치유가 필요한 사람들을 위해 기도하기 시작하셨다. 목사님이 기도하는 동안 나는 이렇게 고백했다.

"하나님, 제가 가진 믿음으로, 하나님께서 저를 치유하실 수 있다는 것을 압니다."

그러자 주님께서 이렇게 말씀하시는 것이 느껴졌다.

"일어나라."

바로 그 순간 나는 안락의자에서 일어났고 완전히 치유되었다! 통증이 사라졌다! 그야말로 기적이었다. 앞선 기적들에서는 나의 믿음에 초점을 맞추기 위해 기도수건을 사용했었다. 하지만 이번 기적에서는 내가 육체적으로 움직일 것을 하나님께서 직접 도전하셨다. 그래서 나는 믿음의 행위로 자리에서 일어났다. 믿음은 행동을 필요로한다. 우리는 이것을 흔히 믿음의 발걸음이라 부른다.

드라마 끊기

> 네 몸의 등불은 눈이라 네 눈이 성하면 온 몸이 밝을 것이요 만일 나
>
> 쁘면 네 몸도 어두우리라 그러므로 네 속에 있는 빛이 어둡지 아니한
>
> 가 보라 네 온 몸이 밝아 조금도 어두운 데가 없으면 등불의 빛이 너
>
> 를 비출 때와 같이 온전히 밝으리라 하시니라(눅 11:34-36)

구원 받기 전에는 매일매일 드라마를 시청했다. 거의 중독 수준이었다. '가이딩 라이트'(Guiding Light)라는 드라마와 '낫츠 랜딩'(Knot's

Landing)이라는 드라마는 한 회도 놓치지 않고 보았다. 하지만 구원 받고 삼 개월쯤 후에 성령께서 내게 더 이상 드라마를 보지 말라고 말씀하셨다. 그래서 나는 순종했다. 이 일은 또 다른 기적이었다. 왜냐하면 나는 이 드라마들에 푹 빠져 있었기 때문이다. 이전에 내 삶은 이런 드라마들로 온통 둘러싸여 있었지만, 이제 나는 예수님 안에 있었다. 따라서 기독교 방송이 내가 시간을 낼만한 전부였다. 많은 사람들이 자신을 향한 하나님의 계획 가운데로 들어가지 못하는 이유는, 그들이 하나님이 기뻐하시지 않는 것들을 기꺼이 포기하려 하지 않기 때문이다. 여러분의 눈과 귀를 채우는 것이 여러분의 마음도 채우게 된다. 그리고 여러분의 마음속에 있는 것이 여러분의 삶이 된다.

하나님께서는 약 십팔 년 전에 내게 드라마를 보지 말라고 말씀하셨다. 현재 나는 기독교 방송만 본다. 아무리 훌륭한 대중 프로그램이라 해도 종종 쓰레기 같은 광고방송들로 인해 흐트러지고 만다. 우리는 우리 영이 얼마나 쉽게 더럽혀질 수 있는지 깨닫지 못하고 있다. 우리의 눈과 귀는 정보와 생각과 아이디어들이 들어오는 '문' 이다. 주님께서는 텔레비전이 어떻게 나의 '눈의 문' 과 '귀의 문' 을 더럽힐 수 있는지 보여주셨다.

많은 그리스도인들이 영적인 감각이 둔해진 나머지 영적인 영역을 제대로 보거나 들을 수 없게 되었을지 모른다. 이제 여러분의 눈과 귀의 문을 씻어내기 원한다면, 나와 함께 다음과 같이 기도해 보기 바란다.

"주님, 제 마음속에 주님을 기쁘시지 않게 하는 것들이 있다면, 제게 보여주시도록 저를 내어 드립니다. 주님께서 저를 부르신 모든 영역 가운데로 전진하지 못하도록 저를 막고 있는 것들이 무엇인지 보여 주세요. 주님, 제 눈이 바라본 모든 악한 것들에 대하여 저를 용서해 주세요. 제 눈의 문을 예수님의 보혈로 씻어 주세요. 주님, 제 귀가 들은 모든 악한 것에 대해서도 회개합니다. 제 자신을 열어 받아들여 왔던 모든 반항의 영과 더러운 영들을 내어 쫓습니다. 원수가 빼앗아 갔던 모든 합법적인 영역을 되찾아 예수님께 돌려드립니다. 예수님의 보혈로 제 귀의 문을 씻어 주세요. 그러한 악한 영들을 결박하여 지금 당장 내게서 떠날 것을 명합니다. 주님께서 주시는 것들만 받아들일 수 있도록 제 눈과 귀를 기름 부어 주세요. 당신의 성령으로 저를 새롭게 채워주세요. 예수님, 저를 자유롭게 하시니 감사합니다."

우리 집에 찾아온 천사

집에 혼자 있을 때였다. 다림질을 하면서 조이스 마이어 목사님의 방송을 보고 있는데, 이 방에 누군가 함께 있다는 느낌이 들었다. 그렇다고 무서운 느낌은 아니었다. 고개를 들어 보았을 때, 커다란 천사가 내 쪽으로 걸어오는 것이 보였다. 그 천사는 아름답고 키가 무척 컸다. 머리카락은 순백색의 양털 같았고, 허리에는 두툼한 황금 벨트를 두르고 있었다. 또한 양쪽 어깨에는 황금 견장을 차고 있었는데, 마치 왕족들이 두르고 다닐 법한 것이었다. 커다랗고 솜털처럼 하얀 날개가 어깨 위로 솟아나 보였고, 바닥에까지 닿아 있었다. 천사의 얼굴은 환하게 빛났다.

천사는 내 쪽으로 걸어오더니 자신의 오른쪽 손가락으로 내 왼쪽 팔을 살짝 건드렸다. 천사의 손가락이 부드럽게 내 살갗에 닿았을 때, 나는 마치 하나님께 특별한 존재로 선택 받은 것 같은 기분이 들었다. 천사가 주님을 위하여 나에게 무언가 표식을 하는 것 같았다.

그 천사의 아름다움과 주님의 임재는 너무나 놀라웠다. 나는 궁금해졌다. '이 천사가 왜 우리 집에 찾아와서 나를 방문한 걸까?' 천사는 몸을 돌려 현관 쪽으로 걸어가기 시작했다. 그가 떠나려 할 때 이렇게 부탁했다.

"당신이 여기 머무는 걸 환영해요. 여기 있으면서 저와 제 가족들을 보호해 주세요."

그러자 천사는 위층으로 올라가는 듯하더니 이내 사라져 버렸다. 천사가 나를 만졌을 때의 그 느낌은 결코 잊지 못할 것이다.

그 후로 이 년이 지나, 뉴욕에서 다녔던 교회 목사님의 어머니 조앤을 방문했을 때, 그분이 직접 천사를 보았던 이야기를 꺼내자 나는 너무나 안심이 되었다. 나 아닌 다른 사람도 천사를 만난 경험이 있다는 것으로 보아 내가 이상했던 게 아니었다. 조앤에게 나도 천사의 방문을 받았었다는 이야기를 했다. 누군가 내가 보았던 것을 이해해 줄 수 있다는 사실이 몹시 즐거웠다.

바닥에 쓰러져 있던 남자

친구와 함께 쇼핑몰에서 쇼핑을 하던 중이었다. 보석 매장 쪽을 통과해 지나가려는데, 계산대 쪽에서 큰 소동이 일어난 듯했다. 가까이 가보니 한 남자가 바닥에 쓰러져 있었다. 남자의 창백한 살결에는 약간의 홍조만이 남아 있었고, 미동도 않는 몸 주변에는 몸의 윤곽을 따라 빨간 테이프가 붙여져 있었다. 죽은 사람임이 분명했다. 누군가 말하길 그 남자는 한참 전부터 맥박이 없었다고 했다. 바닥에 쓰러져 있는 남자를 보자마자 전에 들었던 R. W. 샴바 목사님의 간증이 제일 먼저 떠올랐다. 샴바 목사님은 치유 사역자이자 복음 전도자였는데, 바로 며칠 전에 그 목사님의 간증을 트리니티 기독교 방송에서 들었던 것이다. 목사님은 죽은 사람을 놓고 기도했던 일을 들려주었다. 목사님이 죽어 있던 사람의 육체에 영이 되돌아올 것을 명령하자, 그 사람이 다시 살아났다는 이야기이다! 그 남자는 죽었다가 살아난 것이다! 나는 마음속으로 생각했다. '샴바 목사님이 그렇게 하실 수 있었다면,

나도 할 수 있을 거야.'

나는 서둘러 그 죽은 남자가 쓰러져 있는 곳으로 다가갔다. 남자 앞에 멈춰 서서 무릎을 꿇고 기도했다. 샴바 목사님께 배웠던 바로 그 말들로 기도했다. 내 손을 남자 쪽으로 펼치고 예수님의 이름으로 그 사람의 영이 그의 몸에 다시 돌아올 것을 명령했다. 그러자 남자의 몸이 부들부들 떨리며 움직이기 시작했다. 내 친구는 물론이고, 주위를 둘러싸고 서 있던 사람들, 심지어는 나도 깜짝 놀랐다! 생명의 기운이 그의 몸에 되돌아오면서 피부 빛깔도 정상으로 돌아오기 시작했다.

그러자 쇼핑몰의 청소부 아주머니 한 분이 내 쪽으로 달려들더니 귀신 들린 듯한 이상한 목소리로 소리를 질러댔다.

"대체 이게 무슨 짓이에요!"

나는 그 남자를 위해 기도해 준 것뿐이라고 말했다. 그러자 아주머니는 매우 불쾌하다는 듯이 소리쳤다.

"여기서 지금 당장 나가세요!"

내 친구도 나를 흔들며 말했다.

"여기서 당장 나가자!"

그리고 내 쪽으로 몸을 돌이켜 물었다.

"방금 대체 무슨 일을 한 거야? 그 남자는 분명 죽었었잖아. 그런데 다시 살아난 것처럼 보이던데! 너 대체 어떻게 한 거야?"

나는 이렇게 답했다.

"난 그냥 그 남자를 위해 기도하고 주님께서 그 사람을 다시 살려 주실 것이라고 믿은 것뿐이야."

몇 주 후, 그 쇼핑몰에 가서 쇼핑을 하다가 그때 그 남자가 보석 매장 계산대에서 일하고 있는 모습을 보았다. 그렇게 빨리 업무에 복귀한 모습을 볼 수 있었던 것은 내게도 축복이었다. 나는 하나님께서 그 남자의 생명을 보전해 주셨다는 것을 알았다.

가족의 격변기

이후로 오년 동안은 존과 함께한 결혼생활의 황금기였다. 우리 가정에는 평화로운 시간들만 있었으며, 다툼이나 폭력이 없었다. 아이들도 학교생활을 매우 즐거워했다. 친구들을 여럿 사귀고, 체육 활동에도 활발하게 참여했다. 그러나 남편의 전화 한 통이 모든 것을 바꾸어놓았다. 남편은 방금 뉴욕에서 새로운 일자리를 제안 받았다고 했다. 아이들과 나는 이사하고 싶은 마음이 없었다. 우리는 그 동네를 사랑하고 있었다. 나는 뉴욕으로 옮기는 것이 하나님의 뜻일 경우에만 옮기겠다고 남편에게 이야기했다. 존은 자신이 떠나고 싶은 마음은 분명하지만 내 뜻이 그렇다면 일단 확인해 보라고 했다. 그때가 우리가 유일하게 함께 기도해 본 시간이다. 나는 하나님께 이렇게 기도했다.

"만약 이것이 당신의 뜻이라면 길을 열어주시고, 그렇지 않다면 이 길을 막아주세요."

이 일이 하나님의 뜻이었다는 것을 당시에는 전혀 생각하지 못했다. 비록 이사와 함께 내 인생 중 가장 험난한 시기가 눈앞에 다가오고 있었다 할지라도, 그때 그렇게 이사하는 것은 분명 하나님이 뜻이었다.

아이들의 친구들 역시 우리가 이사 가는 것을 원치 않았다. 그래서 그 친구들은 우리 집 앞에 부동산업자가 세워 둔 '집 내놨음'이란 표지판을 뽑다가 이웃집 앞마당에 꽂아 두곤 했다. 나뿐 아니라 아이들에게도 이사는 힘든 일이었다.

그렇게 어느덧 우리는 뉴욕으로 이사하게 되었다. 이사하던 날, 차고 앞길을 빠져나오면서 우리가 살던 집 쪽을 올려다보았을 때, 지붕 위로 두 개의 무지개가 떠올라 있었다. 나는 그것이 하나님께서 내게 말씀해 주시는 것임을 알았다. 나는 이사하기 원하지 않았지만, 하나님께 순종해야만 하는 것은 분명했다. 그 무지개는 회복과 약속이 나의 것이 되리라고 말해 주고 있었다. 그러나 우리가 뉴욕으로 이사할 때만 해도, 나는 그 회복과 약속 이전에 닥쳐올 홍수에 대해서는 조금도 짐작하지 못했다. 그래도 내게는 하나님께로부터 받은 사인과 약속이 있었다.

큰 아들은 무척이나 침울해했다. 고등학교 졸업반에 올라가기 직전에 이사해야 했기 때문이었다. 친구들 곁을 떠나야 한다는 것은 아들의 마음을 갈가리 찢어놓는 일이었다. 많은 이유들 중에서도 바로 그것 때문에 이번 이사는 감정적으로 매우 어려운 시간이 되었다. 하지만 그리스도인으로서 내가 알고 있던 것은 하나님께서 우리를 어딘가로 보내실 때에는 하나님의 분명한 계획이 있다는 것이다.

우리 아이들은 이제 막 새로운 학교에 적응하기 시작했고, 나는 점점 더 심하게 우울해졌다. 전에는 사람들이 어떻게 그렇게 우울해질 수 있는지 이해하지 못했다. 왜냐하면 전에는 그 정도의 우울함을 전혀 경험해 본 적이 없었기 때문이다. 나는 내 자신이 전보다 많이 울고 잠도 더 많이 잔다는 것을 알게 되었다. 스스로를 어찌해야 할지 알 수 없었다. 전에는 항상 아이들 학교에서 학급 엄마들의 대표를 맡거나 교회에서 열심히 봉사했다. 하지만 아들이 새로 옮긴 학교에서는 학급 운영을 위해 어머니들을 필요로 하지 않았다.

상장, 트로피, 성과물들

뉴욕에서 처음 성당에 갔을 때, 신부님은 나에게 결혼하기 전 성을 물어보셨다. 참 이상한 질문이라는 생각이 들었지만 어쨌든 이름을 말씀 드리자 신부님은 그런 성은 이 성당에서 환영받지 못한다고 말씀하셨다. 나는 신부님이 나를 대하는 태도에 그야말로 충격을 받았다. 차 쪽으로 걸어가면서 잔뜩 화가 나 있었는데, 성당 주차장쯤 와서 아들이 이렇게 말하는 것이었다.

"엄마, 난 엄마가 그리스도인인 줄 알았는데요. 그러니 엄마가 신부님을 용서하셔야 해요."

"그래, 네 말이 맞구나."

나는 신부님의 그러한 행동을 용서했고, 다음 주 주일에도 다시 그 성당에 갔다. 듣고 보니 내 처녀적 성과 동일한 성을 가진 남자가 최근 그 지역의 한 소녀를 살해했는데, 그 신부님은 그 남자가 내 남동생이라고 생각하셨던 것이다.

새로운 교회에서 모든 것을 새롭게 시작할 때였다. 그곳에는 내가 딱히 할 일이 없었고 내 친구들 역시 그곳에 없었다. 마치 우리 결혼 생활의 패턴을 보는 듯했다. 우리가 공들여 안전한 장소를 마련할 때마다 얼마 후에는 그곳을 떠나야 할 때가 왔다. 우리 아이들이 이 학교 저 학교를 전전해야 하는 것도 마음이 아팠다. 어떤 해에는 마이클과 매튜가 동일한 학년 동안 세 번이나 전학해야 했던 적도 있었다. 나는 새로 옮겨간 교회에서 가르치는 일을 시작하여 영성체를 돕는 일과 교리 수업 교사 일을 맡았다.

뉴욕에서 맞이하는 첫 번째 주에는 남편이 관리직으로 일하고 있는 공장에 들렀다. 그간 액자에 담아서 따로 모아 두었던 남편의 상장과 성과물들로 남편의 사무실을 장식해 주었다. 거기에는 우리 아들들이 참가한 운동 경기에서 남편이 코치로 활동하면서 받았던 상장과 사진들도 있었다. 우리 가족사진은 남편의 책상 위에 배치했다. 아들들은 훌륭한 아버지가 되어 주어 감사하다는 의미로 남편에게 특별한 선물까지 했다. 나는 남편의 사무실을 그만의 특별한 공간으로 꾸며 주고 싶었다.

그리고 나서는 집으로 돌아와 아이들이 운동과 학과 공부로 받아 온 여러 상장과 트로피와 성과물들을 풀어서 정리했다. 일을 마친 후에 계단 꼭대기에 앉아 있는데, 이런 목소리가 들려왔다. "너의 성과물과 상장들은 어디 있니? 인생을 살아오면서 너는 무엇을 이뤘니?" 그 순간 내가 너무나 쓸모없이 느껴졌다. 나는 나를 찾아온 그런 생각들과 우울증의 영에 그만 동조하고 말았다. 계속해서 이런 생각이 들었다. '난 대체 무얼 하며 살아온 걸까?' 원수의 목소리는 그간 내가 잘못한 모든 일들에 대해 나를 참소하기 시작했다. 그때 대문이 열리고 마이클이 학교에서 돌아왔다. 마이클은 계단 위로 올라와서 울고 있던 내게 물었다.

"엄마, 무슨 일이에요?"

나는 아들에게 지금까지는 우울하다는 게 뭔지 몰랐다고 이야기했다. 그러자 마이클은 자기 역시 그렇다며, 새로운 학교에서 졸업반을 보내느라 힘든 시기를 겪고 있다고 했다. 나에게는 그저 집 밖을 벗어나는 게 필요했는지도 몰랐다.

그래서 다음날 마이클과 함께 쇼핑하러 갔다. '올드 네이비'라는 브랜드의 상점에서 쇼핑 하고 있는데 가게 매니저가 다가오더니 파트타임으로 일해 보지 않겠느냐고 물었다.

"보아하니 멋진 엄마이신 것 같은데, 우리 가게에서 한번 일해 보시는 게 어때요?"

하나님의 이끄심이었지만 그 순간에는 잘 알지 못했다. 매니저는 입사지원서를 주며 집에 가져가서 잘 생각해 보라고 했다. 하나님께서 무언가 말씀하시는 것 같았다. 이렇게 밖으로 나가는 것이 내게 좋은 일이 될 것 같았다. 결혼 이후로 나는 직업을 가질 기회가 별로 없었다. 남편의 수입이 좋았고, 남편은 내가 밖에 나가 일하는 것을 원하지 않았다. 나 역시 집에 있으면서 아이들을 양육하는 것이 좋았다. 그런데 이번 일은 하고 싶은 생각이 들었다. 당시 나는 무언가 할 일이 필요했다. 혼자 집에 있기 싫었다. 그렇게 얼마 후 '올드 네이비'에서 일하기 시작했다.

홍수

새 일을 시작한 것은 정말로 잘한 일이었다. 새로운 직장 동료들과 어울리는 시간은 너무나 즐거웠다. 티나 역시 직장 동료들 중 한 명이었는데, 하나님께서는 그녀를 사용하셔서 내 삶을 완전히 바꾸어 놓으셨다. 티나와 나는 항상 주님에 관해 이야기를 나누곤 했다. 하루는 직장에서 티나가 이렇게 말했다.

"루앤, 넌 항상 주님에 대해 이야기하는구나. 너는 그분을 너무나 사랑하고 있지?"

"응, 정말 그래."

"우리 교회에 한번 방문하면 정말 좋을 것 같구나. 베니 힌 목사님에 대해서 네가 항상 얘기했잖아. 베니 힌 목사님을 좋아한다면 우리 교회도 좋아하게 될 거야. 시온산 미니스트리(Mt. Zion Ministries)라는 곳이야"

마음속으로 이런 생각이 들었다. '나한테는 우리 교회가 있는데 뭐 하러 티나네 교회에 가고 싶겠어?' 그때는 나에게 종교의 영이 있다는 사실을 알지 못했다. 종교의 영은 나를 조종하여 하나님께서 나를 위해 예비하신 부르심을 막아서려 했다. 종교의 영은 당신을 영적으로 항상 제자리에 머무르게 만들어서 당신이 전에 가지고 있던 믿음마저 빼앗아 가려 한다. 종교의 영은 교만함과 배우지 않으려는 마음을 기반으로 하며, 전심으로 하나님을 찾으려 하는 갈망 또한 사라지게 만든다. 종교의 영은 진리에 대하여 열려 있지 않으며, 회개와 용서를 거의 불가능하게 만든다. 따라서 누구라도 이 영을 주의 깊게 경계해야만 한다.

월요일 근무 중에 티나는 오늘 저녁 자기네 교회에 함께 가보지 않겠느냐고 물었다.

"안 돼. 오늘 저녁 나는 내가 다니는 성당에서 교리 수업을 해야 돼. 내가 우리 아들 학급을 가르치고 있거든"

"네가 와서 이 선지자가 전하는 말씀을 들으면 정말 좋을 텐데. 워싱턴 주에서 트레이시 암스트롱이라는 목사님이 오시거든"

"미안하지만 갈 수가 없어. 나 정말 이 수업을 해야 돼"

내가 이렇게까지 말했는데도 티나는 또 다시 권했다.

"그럼 혹시 누군가 너를 대신해서 가르칠 수는 없니?"

"없어. 그리고 나는 이 수업을 꼭 하고 싶어. 우리 아들이 있는 학급이거든."

그렇게 일을 마치고 집으로 왔다. 성당에 가르치러 가려고 준비를 하던 중에 전화벨이 울렸다. 또 티나였다!

"루앤, 하나님께서 너에게 한 번만 더 전화해서 물어 보라고 말씀하셔서…. 오늘 예배에 올 수 있겠니?"

나는 수화기를 잠깐 내려놓고 작은 목소리로 중얼거렸다.

"대체 얘는 왜 이러는 거야?"

그리고 다시 수화기를 입 가까이 대고 이야기했다.

"오늘 교리 수업이 있다고 아까 말했잖아!"

그러자 티나는 미안한 듯 말했다.

"알아. 그런데 하나님께서 네게 전화해서 한 번만 더 물어 보라고 말씀하셔서. 그래, 그럼 잘 있어."

전화를 끊자마자 또 다시 전화벨이 울렸다. 이번에는 내가 다니던 성당의 신부님이었다.

"오늘 저녁 자매님이 가르치는 교리 수업이 취소됐어요. 어쩐 일인지 모르겠네요. 제가 이 성당에 있은 지 칠십 년 만에 이런 일은 처음이에요. 자매님 교실에 물이 새서 홍수가 났네요. 제가 학생들에게는 수업이 취소됐다고 이미 다 연락했어요. 오늘 저녁 안 오셔도 되겠네요. 그럼 안녕히 계세요."

떨려오기 시작했다. 이건 분명 하나님께서 하신 일이었다! 수화기를 내려놓으며 생각했다. '하나님, 하나님께서는 제가 티나와 함께 이 집회에 가기를 정말로 원하시나 봐요. 이게 당신께서 하시는 일이 맞고, 제가 그곳에 가기를 진짜로 원하신다면 천주교 신자인 또 다른 제 직장 동료도 함께 갈 수 있게 해주세요.' 당시 내 생각으로는 나 말고 또 다른 천주교 신자가 한 명쯤 더 같이 가는 게 안전할 것만 같았다.

그래서 그 친구에게도 전화를 했고, 친구는 기꺼이 가고 싶다고 했다. 원래 친구의 남편은 친구가 여기저기 다니는 것을 허락하지 않는 편인데, 마침 그날 저녁에는 남편이 마을을 벗어나 있었다. 게다가 남편이 그렇게 떠나 있는 것은 매우 드문 일이었다. 친구는 교회 앞에서 만나자고 했다. 우리는 주님께서 그런 식으로 같이 갈 수 있는 길을 열어 주셨다는 것이 참 재미있다고 생각했다. 아무튼 그래서 나도 그 교회에 가기로 했다.

티나에게 전화를 걸어서 어떤 일이 일어났는지 설명하자, 티나 역시 몹시 신나했다. 티나는 내가 그 예배의 자리에 있는 것이 하나님께서 원하시는 일임을 알고 있었다. 함께 교회 안으로 걸어 들어가면서 주위를 둘러보다가 티나에게 물었다.

"조각상들은 다 어디 있어?"

티나는 말했다.

"루앤, 우리는 조각상 같은 건 없어."

난 당장 여기를 떠나야 하나 순간 멈칫했다. 바로 그때 한 여성이 내게 다가오더니 말을 걸었다.

"당신을 향한 하나님의 말씀을 받았는데, 들어 보시겠어요?"

일단 티나 쪽을 쳐다보았다. 티나는 웃으며 괜찮다고 이야기했다. 로즈라는 이름의 그 여성이 말했다.

"주님께서 말씀하시길, 그분은 당신에게 백 퍼센트를 주고 싶으신데, 당신은 오십 퍼센트만 받고 있대요. 그분은 당신을 계속해서 찾고 계신답니다. 그리고 하나님께서 이렇게 말씀하시네요. '네가 어디에 있느냐?'"

눈물이 두 볼을 타고 흘러내리기 시작했다. 티나와 로즈는 무슨 일이냐고 물었다. 나는 티나를 바라보며 말했다.

"지난 토요일 밤 성당에서 내가 했던 기도가 바로 이거야. 방금 들은 것과 똑같은 말들로 주님께 기도했거든. '주님, 여기서는 주님을 오십 퍼센트밖에 느낄 수가 없어요. 저는 주님의 백 퍼센트를 원해요. 주님은 어디 계신가요?'"

나는 그 누구에게도 이 기도에 대해서 말한 적이 없었다. 주님께서 나의 기도와 내 마음속 울부짖음을 이토록 한 단어도 놓치지 않고 듣고 계셨다는 사실에 깜짝 놀랐다.

우리는 트레이시 암스트롱 선지자가 말씀하는 것을 듣기 위해 예배실로 들어갔다. 목사님은 말씀을 전하던 도중 어린이 사역을 하는 사람은 모두 일어나라고 하셨다. 나 역시 일어났다. 성당에서 아이들을 대상으로 교리 수업을 하고 있었기 때문이다. 목사님은 하나님께서 우리들의 기름부음을 증가시켜 주셔서, 우리가 주님을 위하여 아이들의 삶을 어루만져 줄 수 있도록 해달라고 기도하셨다.

자리에 앉은 뒤 목사님은 반대쪽에 앉은 한 부부에게 예언하기 시작하셨다. "일어나세요." 목사님이 말씀하셨다.

"하나님께서 당신들을 열방으로 보내실 겁니다. 당신들이 병든 자에게 손을 얹으면 그들이 낫게 될 것입니다. 귀신들을 쫓아낼 것이며 죽은 사람들을 일으킬 겁니다. 하나님께서는 엄청난 사역을 당신들을 위해 준비하고 계십니다."

목사님은 그 부부를 위해 기도하면서 양손을 그분들의 목 쪽을 향해 뻗으셨다. 그러자 놀랍게도 내 목이 통제 불능으로 흔들리기 시작했다. 티나 쪽을 바라보며 물었다.

"이게 무슨 일이지? 왜 내 목이 떨리고 있는 거야?"

"루앤, 내가 믿기로는 저 말씀이 너를 위한 것이기도 한가봐. 하나님의 임재가 너를 온통 뒤덮고 있어."

속으로 웃으며 이런 생각을 했다. '좋아요, 하나님. 그런데 대체 제가 어떻게 열방으로 가게 된다는 거죠?' 내 생각으로는 하나님께서 나 같은 사람을 사용하실 수 있다는 게 이해되지 않았다. 결혼 생활 대부분을 가정주부로만 지내 왔던 내가 열방으로 가게 된다고?

그날 밤 집으로 돌아와서 나는 두 손을 하늘을 향해 들어 올리고 주님께 이렇게 부르짖었다.

"제가 여기 있습니다. 제 백 퍼센트를 드립니다. 저를 받아주시고 써주세요. 저는 주님의 것입니다."

침대 밑을 살펴보다

다음날 아침이 되어 존은 먼저 출근하고 나는 아직 잠들어 있었다. 그러나 6시 30분에 주님께서 나를 깨우셨다. 그렇게 일찍 잠에서 깼다는 사실이 스스로도 믿기지 않았다. 보통은 7시에 일어나 아이들을 학교에 보냈는데, 오늘은 시계를 보니 분명 6시 30분이었다. 바로 그 다음에 일어난 일은 앞으로도 절대 잊지 못할 것이다. 매우 분명하게 "오리스카니!"라는 소리가 들렸다. 너무 크게 들려서 화들짝 놀랄 정도였다. 나는 침대에서 벌떡 일어나 침대 밑에 누가 있나 살펴보았다. 그 다음에는 옷장 속도 열어보았다. '이 소리가 대체 어디서 난 거지?' 비로소 나는 그것이 귀로 들을 수 있는 하나님의 음성이었음을 깨달았다. 하나님께서 귀에 들리는 소리로 말씀하신 것은 그때가 처음이었다. 곧장 아래층으로 뛰어 내려가서 내 친구 티나에게 전화를 걸었다. 아직 이른 아침이었지만 티나에게 전화를 하지 않을 수가 없었다.

내 목소리에 담긴 긴장감을 티나도 느꼈던 모양이다.

"루앤, 무슨 일이야?"

"티나, 나 방금 하나님께서 소리 내어 말씀하시는 걸 들었어!"

"하나님께서 뭐라고 말씀하셨는데?"

"오리스카니!"

"오리스카니라고? 하나님께서 왜 그걸 말씀하셨지?"

"나도 몰라."

"그럼 잠깐 기도하고 하나님께 여쭤 보자."

"뭐라고!"

나는 소리를 쳤고, 티나는 부드럽게 제안했다.

"하나님께 왜 그것을 말씀해 주셨는지 여쭤 보자고."

잠시 기도해 본 뒤에 티나는 이렇게 얘기했다.

"루앤, 우리 집에 와서 함께 기도해 보는 게 어때? 무언가 네 마음에 신경 쓰이는 게 있는 것 같은데."

그 얘기를 듣자 이런 생각이 들었다. '내가 왜 티나네 집에 가야 하지? 난 그곳에 가고 싶지 않아.' 그래서 티나에게 부탁했다.

"네가 우리 집으로 오면 안 될까?"

"그래? 그럼 중간쯤에서 만나는 건 어때?"

그 말에 동의하여 불러바드 식당에서 보기로 했다.

매튜를 학교에 데려다주고 티나를 만날 준비를 하고 있었다. 계단에 앉아 양말을 신다가 불현듯 깨달았다. 불러바드 식당은 바로 오리스카니 대로에 위치해 있었다! 식당 안으로 걸어 들어가 자리에 앉았을 때 평안이 임하는 것을 느꼈다. 분명 하나님께서 예비하신 시간이었다.

티나가 오자 내가 깨달은 것을 나누었다.

"티나, 이 식당이 오리스카니 대로에 있다는 거 알았니?"

그리고 마음을 열어 내 삶을 나누었다.

"티나, 네게 할 말이 있어. 이 이야기는 누구에게도 해본 적이 없는데, 나 실은 성적 학대를 받은 경험이 있고 열여덟 살 때 낙태를 했었지. 하나님께서 이런 나를 용서해 주실 수 있을까?"

그때 티나가 했던 대답을 지금도 또렷이 기억한다.

"예수님은 갇힌 자를 자유케 하기 위해 오셨잖아! 너는 용서 받았어."

바로 그 순간 내 어깨를 짓눌러 왔던 백 파운드짜리 짐이 벗겨져 나가는 것을 느꼈다. 죄를 용서 받은 데서 오는 평안함을 느끼는 동시에, 학대로 인해 숨겨져 있던 수치심이 깨어지는 것을 느꼈다. 구원 받던 그날에 이미 내 죄를 자백했지만, 그 죄를 다른 믿는 사람들과 나누지 못했다. 그러나 그렇게 할 때 비로소 깨어짐이 치유된다. 주님께서는 내가 죄를 자백하여 치유를 받고 억눌린 데서 해방되기를 기다리고 계셨다. 이 진리에 대한 성경 말씀들을 살펴보자.

> 만일 우리가 우리 죄를 자백하면 그는 미쁘시고 의로우사 우리 죄를 사하시며 우리를 모든 불의에서 깨끗하게 하실 것이요(요일 1:9)
>
> 그러므로 너희 죄를 서로 고백하며 병이 낫기를 위하여 서로 기도하라(약 5:16)

티나와 나는 주님에 대하여 놀라운 이야기들을 나누었다. 대화를 나누며 내 삶 가운데 숨겨 놓았던 죄가 수치심을 가져왔고, 누구에게도 그 죄를 고백하지 못하게 했다는 사실을 알게 되었다. 이 수치심은 또한 하나님을 멀리하게 만들었다. 천주교 신자로서 낙태는 용서 받지 못할 죄라고 느끼고 있었기에, 그에 대해서는 한 번도 고백한 적이 없었다. 나는 성당에서 하나님을 섬기면서도 지옥에 가게 되지는 않을까 고민스러워 했었다.

그런데 집으로 돌아와서부터 '전쟁'이 시작되었다. '티나에게 이야기한 것은 잘한 일일까?' 원수는 계속해서 내가 멍청한 짓을 했다고 속삭여 왔다. '왜 티나한테 그런 얘기를 했어?' 하지만 내 영에는 평강이 있었다. 내가 옳은 일을 했다는 걸 알고 있었던 것이다. 너무나 깨끗하고 자유로운 느낌이었다. 내 양심은 깨끗했다. 반면 고백하지 않은 죄는 우울함을 가져온다.

성모상을 내버리다

식당에서 집으로 돌아온 후에 평소 사용하던 묵주를 집어 들고 거실에 앉아 묵주 알을 굴려가며 기도하기 시작했다. 그때 내 안에서 하나님의 음성이 들려왔다. 성령께서 내게 말씀하시는 것이었다.

"요한복음 14장 6절을 찾아 보거라."

성경책을 찾아 해당 페이지를 뒤적였다. 요한복음이 여기 어디쯤에 있다는 것은 알고는 있었지만, 그때까지만 해도 좀처럼 성경을 읽지 않았었다. 해당 구절을 찾아보니 이렇게 말씀하고 있었다.

> 예수께서 이르시되 내가 곧 길이요 진리요 생명이니 나로 말미암지
> 않고는 아버지께로 올 자가 없느니라

"하나님, 그럼 성모 마리아에게 기도하지 말라고 말씀하시는 건가요?"

곧바로 바닥에 무릎을 꿇고 그간 마리아에게 기도해 온 것을 용서해 달라고 말씀드렸다. 하나님께서는 마리아에게 기도하는 것이 우상숭배이자 주술적인 것이며, 죽은 자와 소통하는 것이라고 말씀하셨다. 종교의 영은 나를 속여서 온전한 진리에서 멀어지게 만들려했다. 그러한 계시를 받은 뒤, 교황에게도 이 사실을 알려주고 싶었다!

성령께서 다시금 말씀하셨다.

"성모 마리아 상도 내다 버렸으면 좋겠구나."

"하나님, 제가 어떻게 그걸 내다 버릴 수 있겠어요?"

그 마리아 상은 존의 할머니가 주신 것으로, 2대째 걸쳐 내려온 것이었다.

"주님, 제가 그걸 내다 버릴 수는 없어요. 남편 거니까요. 제가 그걸 내다 버리길 원하신다면, 존이 그래도 된다고 허락하게 해주세요."

바로 그때 전화가 왔다. 존이 직장에서 전화한 것이다. 남편이 물었다.

"여보, 뭐하는 중이야?"

"그냥 집 치우고 있었어."

그러자 남편이 농담조로 말했다.

"이번에는 뭘 또 내다 버리고 계시나?"

남편이 그렇게 묻는 것을 들으며 나는 웃고 말았다. 주님께서 남편을 통해 내게 말씀하고 계셨기 때문이다.

"여보, 내가 성모 마리아 상 좀 내다 버려도 괜찮을까? 여기저기 금이 가서 말이야."

존이 대답했다.

"뭐, 상관없지. 나 이제 일하러 가봐야 해. 안녕."

하나님께서는 그동안 나를 속여 왔던 우상을 파괴할 길을 열어주고 계셨다. 그대로 성모 마리아 상을 가져다가 비닐봉투에 담아서 타일 깔린 바닥 위에서 깨 부셨다. 우상 숭배하고 점쳐 왔던 죄를 하나님께 회개하고 우리 가정 가운데 들어왔었던 종교의 영과 주술의 영을 내쫓았다.

마리아 상을 끝장내자마자 주님은 또 다시 말씀하셨다.

"이 성인들의 조각상은 어떻게 할 거니?"

"주님, 성인들에게 기도했던 것도 용서해주세요!"

집안을 두루 돌아다니며 성인들의 조각상과 그에 따르는 기도 카드들을 죄다 모아서 버렸다. 마리아나 성인들에게 기도하던 것을 그날 이후로 완전히 그만두었다. 사실 우리 막내아들은 잠들기 전이면, 마리아나 다른 성인들의 기도 카드에 얼굴이 있는 면을 바닥으로 뒤집어 놓곤 했었다. 아이는 그것들이 무섭다고 했었다.

그때 성령께서 또 이렇게 말씀하시는 것이 들려왔다.

"루앤, 네 천주교 성서도 갖다 버리렴."

"주님, 천주교 성서에 무슨 문제가 있나요?"

"요한계시록 22장 18절을 보거라. 그 누구라 해도 하나님의 말씀에서 더하거나 빼면 안 된단다. 그런데 그 성서에는 여덟 권의 책을 더했단다."

천주교 성서마저 버린 뒤에 혹시라도 집안에 성인들의 조각상이나 기도 카드가 남아 있지 않은지 샅샅이 살펴보았다. 천주교 교회에서 우리가 은총을 구하기 위해 성인들에게 기도해도 된다고 가르친다. 나 역시 잃어버린 물건을 찾기 위해 성 안토니우스에게 기도하곤 했었다. 한번은 전에 살던 집 마당에 성 요셉 상을 거꾸로 해서 묻은 적도 있었다. 그렇게 하면 집이 좀 더 빨리 팔리는 데 도움이 되리라 생각했었기 때문이다. 그 죄 역시 회개해야만 했다. 나는 그동안 다른 무언가를 예수님보다 더 신뢰하고 있었던 것이다.

묵주 역시 내다버렸다. 그리고 며칠이 지나지 않아 하나님께서 꿈 하나를 꾸게 하셨는데, 꿈속에서 나는 소파 쿠션 뒤쪽에 손을 집어넣어서 그간 잊어버리고 있었던 또 다른 묵주를 끄집어냈다. 다음날 아침 일어나자마자 아래층으로 내려가서 정확히 꿈속에서 보았던 그 장소에 손을 뻗어보았다. 놀랍게도 꿈에서 보았던 바로 그 묵주를 찾아낼 수 있었다. 하나님께서는 내가 잊고 있었던 것까지 다 알고 계셨다! 하나님께서 꿈을 통해서도 말씀해 주신다는 사실이 너무나 놀라웠다.

"하나님, 그것도 보셨어요?"

그 후로 어느 날, 진공청소기로 청소를 하고 있을 때 주님께서 분명하게 말씀하셨다.

"찬장에 들어 있는 도자기들은 어떻게 할 거니?"

"네? 그 도자기가 어때서요?"

주님이 말씀하셨다.

"그건 훔친 거잖니?"

"하나님, 그것도 보셨어요? 주님, 제가 어떻게 하길 원하세요?"

그렇게 여쭈어보았을 때, 주님께서 해주신 대답은 놀라웠다.

"그걸 내다 버렸으면 좋겠구나."

그리고 얼마 지나지 않아 매튜가 학교에서 돌아왔다. 아이는 내게 가까이 오더니 이렇게 물었다.

"엄마, 하나님께서 오늘도 엄마에게 말씀하셨어요?"

"뭐? 왜 그걸 묻니?"

"하나님께서는 엄마에게 항상 말씀하시니까요."

아이의 말에 다시금 놀랐다. 내 생각에는 매튜가 그때 내 표정을 보고 하나님께서 내게 말씀했으리라고 짐작한 것 같다.

그래서 아이에게 이 이야기를 들려주었다.

"전에 슈퍼마켓에서 일했을 때, 슈퍼에서 물건 사고 나면 보너스로 주는 도장들을 모아서 도자기를 살 수 있었거든. 어떤 사람들은 그 도장을 모으지 않더구나. 그래서 내가 그 도장까지 모았지. 같이 일하던 애들이 도자기 몇 개를 아예 한 세트로 내 차에 실어줬어. 일부는 내가 산 것이지만, 일부는 훔친 거야."

매튜가 놀라서 소리쳤다.

"엄마, 엄마가 훔쳤다고요!?"

"응, 매튜. 내가 그랬단다."

그러자 매튜는 찬장으로 가더니 접시 하나를 꺼내서 유심히 바라보다가 탁자 위에 올려놓았다. 그러고는 나를 바라보며 말했다.

"그럼 이게 엄마가 훔친 거군요!"

매튜는 다시 찬장으로 가서 다른 접시를 들고 오더니 처음 접시 옆에다 올려두었다.

"이건 엄마가 산 거구요? 그럼 대체 훔친 게 어떤 거고 산 게 어떤 건지 어떻게 아세요?"

열세 살짜리 아들은 허리에 손을 얹고 이렇게 물었다.

"엄마, 그럼 이제 어쩌실 거예요? 어떤 건 훔친 거고 어떤 건 돈 주고 산 건데 말이에요. 이거 전부 다 버리셔야겠네요. 아빠도 이 사실을 아세요?"

"아니."

나는 시인했다. 그러자 매튜가 덧붙였다.

"아빠한테 이걸 말씀하셔야 할 거예요."

그날은 존의 생일이었다. 생일 축하를 위해 가족들이 함께 외식하러 갔는데, 저녁 식사 도중에 매튜가 탁자 밑에서 나를 툭툭 쳤다.

"엄마, 아빠한테 말씀하셔야죠. 말씀하세요."

매튜가 계속 이야기하자 존이 물었다.

"나한테 뭘 얘기하라는 거야?"

"당신, 찬장에 있는 도자기 알지?"

"왜? 그게 무슨 문젠데?"

"실은 그중 일부는 내가 훔친 거야. 그런데 주님께서 그걸 내다 버리라고 말씀하셨어."

그러자 존은 나를 바라보며 "그럼 내다 버리면 되잖아"라고 말하고 다시는 그 얘기를 꺼내지 않았다. 바로 그 다음날, 나는 도자기 세트 전부를 쓰레기통에 담아 내다 버렸다. 하나님께서는 내가 그것들을 내다 버리면 새 도자기를 주시겠다고 말씀하셨다. 그 후로 십 년 동안은 내 찬장이 그대로 비어 있었다.

여러 않았다. 해가 지나서 성적 학대 관련 상담을 받던 중에 교회 목사님께 "제가 왜 그걸 훔쳤을까요?" 하고 여쭈어 보았다. 론 목사님은 학대를 당한 사람들 중에서 더러 물건을 훔치는 경우가 있다고 하셨다. 자신에게 소중한 무언가를 도둑맞았다는 생각 때문이다.

칵테일도 쏟아버리다

무더운 오후 친구 한 명이 우리 집에 찾아왔다. '프로즌 다이키리'라는 칵테일을 만들어 먹기 위해 신선한 과일과 술도 함께 가져왔다. 달콤한 음료를 좋아했던 나는 구원받기 전 노스캐롤라이나에 살 때부터 그 칵테일을 마시곤 했었다. 나는 술이 우리 가정에 미쳤던 파괴적 영향력을 이미 보았었다. 그런데도 나는 점점 더 그 술을 자주 마시게 되었고, 마시고 싶은 욕구가 강하게 일어나는 것을 느끼게 되자, 두려운 마음에 술 마시는 것을 중단했다. 게다가 나는 주님과 동행하고 있었기에 한동안은 어떤 술도 마시지 않았다.

그런데 그날 무심코 술을 섞어서 잔에 따르고 한 모금 마시려는 순간, 하나님께서 또렷하게 말씀하시는 게 들려왔다.

"당장 그걸 쏟아 버려라!"

나는 친구 쪽을 한 번 보고 내 잔을 한 번 쳐다보았다. 하나님께서는 반복해서 말씀하셨다. 순종하기 위해서 싱크대로 걸어가 내 잔을 쏟아버렸다. 친구는 소리쳤다.

"안 돼! 너 대체 뭐하는 거야?"

하나님의 음성에 순종하는 것은 매우 중요했다. 전에는 술로 인해 파멸될 것이 두려워서 술 마시기를 중단했지만, 이번에는 하나님께 대한 사랑과 그분의 모든 말씀에 순종하고자 하는 갈망 때문에 술을 끊었다.

우리가 합당한 근거를 가지고 합당하게 행동할 때, 우리 삶에는 승리와 '정복하는 권세'가 임한다. 작은 일들에 순종하는 것은 앞으로 놓여 있을 더 큰 도전들을 위한 보다 강력한 기름부음을 풀어놓는다. 다윗은 사자와 곰부터 죽인 후에야 골리앗과 대면했다. 지금 당신의 사자와 곰부터 해치우라. 그러면 골리앗 역시 해치우게 될 것이다!

떠나야 할 시간

그동안 기도의 대상으로 삼았던 천주교 성자들을 제거하고 난 뒤로 나는 성당에 다니던 그 어느 때보다 '하나님을 더 많이' 갈망하게 되었다. 하나님께서는 당신을 그분께로 향하게 하기 위해 여러 가지를 사용하실 수 있다. 하지만 일단 하나님께서 당신이 옮겨 가야 할 때를 보여주시면 무조건 가야만 한다. 가족과 함께 미사 드리러 갈 때마다 나는 줄곧 불편함을 느꼈다. 그러나 주님께서 나를 보내주실 때까지 기다렸다. 성경은 우리에게 진리를 구하라고 말씀하시며, 또한 그 진리가 우리를 자유케 하리라고 말씀하신다. 나는 진리를 구하고 있었고 하나님께서는 나를 자유케 하고 계셨다.

어느 날 주님께서 꿈을 꾸게 하셨다. 꿈속에서 존은 성당으로 들어가고 있었다. 내가 그를 따라 들어가려는데, 열려 있던 문이 존 바로 뒤에서 닫혀서 잠겨 버렸다. 그래서 매튜와 나는 밖에 그대로 서 있었다. 꿈에서 깨어나자마자 주님께 여쭤 보았다.

"주님, 이게 무슨 뜻인가요?"

주님은 이렇게 응답해 주셨다.

"나는 너와 매튜가 그 성당을 떠나 시온산 미니스트리로 가기 원한다."

"네, 주님, 갈게요. 그런데 남편이 허락해 줘야 해요."

그날 늦은 시간, 기도를 한 후에 존에게로 가서 나와 매튜가 성당을 떠나 시온산 미니스트리로 가도 좋을지 물어보았다. 존은 이렇게 말했다.

"여보, 당신이 주님을 얼마나 사랑하는지는 나도 알아. 그러니 그게 당신의 소원이라면 그렇게 해도 좋아."

존의 대답은 그야말로 충격적이었다! 존이 내게 청혼하던 때만 해도, 그는 내가 천주교 신자로 개종해야만 한다고 했었다. 그래서 나는 당시 성공회 교회에 다니고 있었는데도 불구하고 천주교 신자로 개종했던 것이다. 나는 천주교의 결혼 전 준비 수업인 '프리카나'도 들어야 했고, 성당에서 결혼하기 위해 세례도 다시 받았다. 결혼 후 이십 년 동안, 함께 미사 드리러 가는 것을 빼먹은 적이 단 한 번도 없었다. 하나님께서 초자연적으로 개입해 주셔서 존의 마음을 부드럽게 하시고 나를 시온산 미니스트리로 보내 주신 것이 분명했다. 나는 마침내 하나님께 이렇게 고백했다.

"주님은 길이 없는 곳에도 길을 만드시는 분임을 알았습니다."

주님이 개입하셔서 나를 보내시는 것을 알 수 있었다.

그렇게 매튜와 나는 거의 이 년 동안 시온산 미니스트리에 출석했고, 남편은 성당에 갔다. 주일 아침이면 우리는 각자 자기 교회로 갔다가 예배가 끝난 뒤에 다시 만나서 점심을 같이 먹었다. 큰아들 마이클은 다니던 대학에서 시간이 될 때마다 집에 오곤 했는데, 남편 존은 우리가 성당에 함께 가지 않는 것에 대해 상관하지 않았지만 마이클이 오히려 내게 화를 냈다. 마이클은 자기는 성당에서 자라게 했으면서 어째서 매튜와 나는 이제 성당에 다니지 않는지 이해할 수 없어 했다.

시온산 미니스트리에 다니던 이 년 동안 하나님께서는 이제 곧 맞닥뜨릴 새로운 도전들을 위해 나를 준비시키고 계셨다. 이십삼 년간의 결혼 생활을 끝으로, 남편이 나를 막 떠나가려는 참이었다.

제**4**장

해피 뉴 이어

우리의 결혼 생활이 무너져갈 무렵, 하나님께서는 꿈을 통해 계속해서 말씀해 주셨다. 모든 상황들에도 불구하고 나는 우리 결혼이 어떻게든 회복되리라는 믿음 위에 서 있었다.

Happy New Year

새해 전날 밤이었다. 원래 이 날은 존도
우리 교회 송구영신 예배에 함께 가기로 했었다. 그러나 집을 나서려
고 한창 준비하던 중에 존이 갑자기 자기는 가지 않겠다고 했다. 나는
길이 온통 눈으로 뒤덮였으니 오늘은 나도 가지 않겠다고 했다. 그러
자 존은 재빨리 말을 받으며 교회까지 차로 데려다 줄 수 있다고 했다.
다만 자기는 예배는 드리지 않고 그냥 집으로 돌아오겠다는 것이었
다. 그렇게 차를 타고 가던 중에 매튜가 자기도 아빠와 함께 그냥 집에
돌아가도 되겠느냐고 물었다. 나는 마음대로 하라고 했는데, 존이 도
리어 화를 내며 매튜더러 예배에 가라고 설득했다. 그래도 매튜는 마
음을 바꾸지 않았다. 그렇게 존은 나만 교회 앞에 내려다 주고 매튜와
함께 집으로 갔다. 집으로 향하는 길에 존은 매튜에게 사탕을 좀 사주

겠다며 상점에 들렀다. 그러나 실은 누군가에게 전화를 걸러 간 것이었다. 존과 매튜가 집에 도착했을 때는 큰아들 마이클도 자기 일을 마치고 집에 돌아와 있었다. 존은 마이클이 집에 있다는 사실에 깜짝 놀라는 듯했다. 원래 마이클은 친구가 여는 파티에 가기로 되어 있었기 때문이었다. 마이클 역시 아빠가 엄마와 동생과 함께 예배에 참석할 줄 알았는데 집으로 들어서자 이상하게 생각했다.

그때 전화벨이 울리고 존이 받더니 바로 그곳으로 가겠다고 답했다. 통화를 마치고 나서 존은 아이들에게 직장에 가봐야 한다고 했다. 경비 업체로부터 방금 전화를 받았는데, 공장에 보안 경보음이 울렸다는 것이었다. 존이 집을 나선 후에 마이클은 수화기를 들고 방금 전화가 왔던 그 번호로 재발신을 해보았다. 마이클의 생각에도 아빠의 행동에 뭔가 의심스러운 구석이 있기 때문이었다. 아니나 다를까 신호음이 가더니 한 여성이 전화를 받았다. 그녀는 존이 일하는 공장의 접수원이었다. 마이클 역시 그녀의 목소리를 알아듣고 이렇게 말했다.

"아빠랑 대체 뭘 하실 계획이었는지 모르겠지만, 그런 일은 일어나지 않는 게 좋을 거예요."

그렇게 전화를 끊고 나서 마이클은 화가 치밀어 오른 나머지 친구가 여는 파티에도 가지 않았다.

예배가 끝난 직후, 자정을 갓 넘긴 시간에 존이 교회 앞으로 나를 데리러왔다. 그런데 차문을 열던 그 순간부터 내 마음에 비수가 꽂히는 듯한 느낌이 들었다. 무언가 잘못된 게 틀림없었다. 존의 행동이 무언가 이상했다. 존은 마이클이 대체 어떻게 된 건지 모르겠다며 투덜거렸다. 그리고 집에 들어서자마자 곧장 위층으로 올라가더니 잠자리에 들었다. 남편은 나와 아이들에게 새해 복 많이 받으란 한 마디 말도 없이 그냥 그렇게 올라가 버렸다. 그때 마이클이 말했다.

"드릴 말씀이 있어요."

그러고는 그날 밤 있었던 전화 통화에 대해 전부 털어놓았다. 마이클은 아빠가 공장에서 같이 일하는 여자를 만나러 나갔던 것 같다고 이야기했다. 나는 침실로 올라가 방에 불을 컸다. 존은 머리끝까지 이불을 뒤집어쓰고 있었다. 얼굴을 마주하고 얘기하려고 이불을 끌어내린 뒤, 그날 밤 무슨 일을 한 건지 솔직히 말해 달라고 부탁했다. 존은 사실 파티에 갔었다고 했다. 그럼 누구와 갔었는지도 얘기해 달라고 했다. 직장 동료 몇몇과 함께 갔었다고 답했지만, 훗날 그 말은 거짓말이었음이 밝혀졌다. 그럼 통화한 그 여자는 어떻게 된 거냐고 물었다. 존은 그 여자를 파티에 데려다 준 것이 전부라고 했다. 당시에는 몰랐지만, 결국에는 남편이 꽤 오랜 시간 그 여자와 만나고 있었음을 알게 되었다. 하나님께서는 존이 다른 여자와 만나고 있다는 것을 나에게 꿈으로도 보여주셨다. 하지만 남편은 계속해서 그 사실을 부인했다. 내 마음속에서는 전쟁이 일어났다. 남편이 지금 진실을 말하고 있는 걸까, 혹시 원수가 나를 괴롭히려고 이런 꿈을 꾸게 하는 것일까, 아니면 하나님께서 내게 경고해 주고 계신 걸까? 나는 어떻게든 결혼 생활을 유지할 수 있을 거라고 믿고 싶었기 때문에 그밖에 다른 사실들은 인정하려 들지 않았다.

그 일이 있은 다음날, 존은 오후가 다 되도록 침실에서 나오지 않았다. 존이 아래층으로 내려왔을 무렵에는 매튜와 부엌 탁자에 앉아 이런저런 얘기를 나누고 있었다. 존은 무릎을 꿇더니 여러 번 용서를 구했다. 나는 용서해 줄 테니 대신 함께 부부 상담을 받아야겠다고 했다. 내게 용서를 받자, 존은 죄인의 기도가 주님께 받아들여졌다고 말했다. 그리고 나와 함께 교회에 가서 목사님들께 상담을 받는 것에 동의했다. 그렇게 연속 이 주 동안 교회에 함께 갔다. 이 주가 지나고 나자 그것마저 그만두고 다시는 교회에 가지 않겠다고 했다. 내가 느끼기에 존은 자기가 저지른 일이 후회스러운 것이 아니라, 그 일을 들켰다는 것이 후회스러운 것 같았다. 그러다 결국 직장 동료인 그 여자와 계속해서 관계를 맺어 왔음이 드러났다.

나는 존의 상사에게 찾아가서 남편이 직장 내 다른 여자와 만나고 있다는 사실을 알리고자 했다. 공장에 찾아가 남편과 외도 중인 바로 그 접수원의 책상을 지나치려는데 장미꽃 바구니가 놓여 있는 게 보였다. 밸런타인데이가 지난 지 얼마 안 된 시기였고, 밸런타인데이에 존은 내게 빨간색과 흰색의 카네이션을 선물했었다. 내가 얼마나 장미꽃을 좋아하는지 존도 알고 있었는데도 말이다. 내 이야기를 들은 존의 상사는 매정하게 말했다.

"당신이 당신 남편을 행복하게 해주지 못하는 걸 내가 어쩌겠어요."

그 상사에게 오히려 나를 비난했다.

"이 일에 대해서 뭔가 조치를 취하지 않는다면 이번엔 당신 상사한테 전화를 하겠어요."

나는 그렇게 맞받아치고 사무실을 걸어 나왔다. 그리고 존의 사무실에 들렀다가 내가 가져다 놓았던 우리 가족사진이 치워져 있는 것을 발견했다. 그 사진은 책상 속에 엎어진 채 처박혀 있었다. 그 모습까지 보고 나자, 나는 우리 결혼이 정말로 심각한 지경까지 이르렀음을 깨달았다.

집에 돌아와 존에게 직접 따져 물었다.

"그 여자에게는 장미를 사다줬으면서 나에게는 카네이션을 줬군요."

존은 그 장미꽃이 자기가 준 게 아니라고 우겼지만, 나는 이미 내 영으로 그 말이 거짓임을 알고 있었다. 그 다음날, 존은 장미꽃 한 상자를 배달해 왔다. 나는 그 꽃을 가져다가 쓰레기통에 던져 버렸다. 존은 미친 듯이 화를 냈지만, 나는 우리의 학대적인 관계 안에서 존이 그동안 써먹어 왔던 그 통제의 순환 고리를 깨뜨리고자 했다. 학대 관계 안에서 선물은 늘 나를 달래보려는 수단으로 사용되었다.

바로 그 주에 그 접수원은 공장을 그만두었고, 그 후로 일 년쯤 지나 내가 찾아갔던 존의 상사 역시 실직했다. 그리고 얼마 지나지 않아 공장 전체가 폐쇄되었다. 진리는 결국 승리하는 법이다. 시간은 조금 걸릴지라도 하나님께서는 자신이 사랑하는 자들의 정당함을 입증해 주신다. 무엇을 심던지 심은 대로 거두게 되는 것이다.

탁자 위의 골프공

우리의 결혼 생활이 무너져갈 무렵, 하나님께서는 꿈을 통해 계속해서 말씀해 주셨다. 모든 상황들에도 불구하고 나는 우리 결혼이 어떻게든 회복되리라는 믿음 위에 서 있었다. 그러던 어느 날 밤, 무척 이상한 꿈을 꾸었다. 꿈속에서 나는 침실 창가에 서서 우리 집 진입로가 시작되는 쪽을 바라다보고 있었다. 그곳에는 한 여자가 서있는 것이 보였는데, 나를 향해 골프채를 겨누고 이렇게 소리 질렀다.

"너와 네 가족을 파멸시키겠어."

나는 창문을 열고 되받아쳤다.

"아니, 그럴 수 없을 거야! 예수님의 이름으로 명하노니 내 소유에서 당장 떠나가라!"

그렇게 꿈을 꾸다 놀라서 잠이 깼다. 존은 방금 출근한 상태였다. 아래층에 내려와 보니 소파 탁자 위에 골프공 하나가 놓여 있었다. 정말 이상한 일이었다. 한겨울이었던 데다가, 어젯밤 잠자리에 들기 전까지만 해도 그 자리에 골프공은 없었기 때문이다.

조금 전에 꿈을 꾸고 난 뒤라 골프공이 탁자 위에 놓여 있는 모습을 보니 마음이 너무나 심란했다. 그래서 꿈을 해석하는 은사를 받으신 우리 목사님의 어머니에게 전화를 드렸다. 그분이 말씀하길 꿈속의 그 여자는 '이세벨의 영' 을 나타내는 것 같다고 하셨다. 그리고 그 골프공을 주워다가 우리 집 대문을 열고 원수에게 다시 던져 버리는 게 좋겠다고 하셨다. 그리고 이렇게 하라고 말씀하셨다.

"원수에게 이렇게 말하세요. 예수님의 이름으로, 절대 너의 농간에 놀아나지 않을 것이다!"

그래서 말씀해 주신 그대로 했다.

싸움

그 후로 몇 달 동안은 지옥 같았다. 존은 육체적으로나 언어적으로나 정신적으로나 전보다도 훨씬 심하게 폭력을 휘두르기 시작했다. 존은 다른 여자를 만나고 있다는 사실을 거듭해서 부인했다. 나는 계속해서 기도하며 우리의 결혼 생활이 회복될 것을 믿고 있었다. 그러나 존은 시시때때로 나의 믿음과 내가 출석 중인 교회를 두고 나를 비웃었다. 그는 집을 떠나갈 핑계를 만들기 위해 자주 싸움을 걸어왔다. 하루는 내가 성당을 떠난 것을 꼬투리로 잡아 말싸움을 시작했다. 그렇게 해도 된다고 허락했던 것이 자기 자신이었는데도 말이다. 그때 우리는 부엌에 있었고 나는 존에게 이렇게 도전했다.

"그럼 당신은 어떻게 생각하는데? 성 베드로가 천국 문 앞에 서 있다가 '천주교 신자이군요? 들어오세요.' 라고 할 것 같아? 그럼 천주교 신자말고는 아무도 천국에 들어갈 수 없다는 말이야?"

그러자 존이 말했다.

"자, 이게 당신이 성당을 떠난 것에 대한 내 생각이야."

그러더니 내 얼굴에 퉤 하고 침을 뱉었다. 나는 이렇게 외쳤다.

"예수님의 이름으로 당신을 꾸짖노라!"

그러자 존은 집을 나가 버렸다.

어느 날 교회 목사님 중 한 분께 전화가 왔다. 목사님은 매튜와 나를 무척 걱정하고 계셨다. 목사님은 존이 얼마 지나지 않아 나를 다치게 할 것 같다며 안전하게 피해 있을 곳을 알아 두셨다고 말씀하셨다. 나는 그 말을 믿지 않았기에 그냥 집에 머물렀다. 그날 늦은 시간, 존이 나를 거칠게 떠밀기 시작했다. 내 멱살을 잡고 손목을 잡아끌어서 냉장고 쪽으로 밀쳐내더니, 손목을 뒤로 비틀어 바닥에 쓰러뜨렸다.

몹시 난폭하게 굴었지만, 크게 두려워할 것도 없었다. 이런 일은 전에도 여러 번 있었기 때문이다. 하지만 매튜는 아빠가 엄마에게 그렇게 폭력을 휘두르는 모습을 그날 처음 보았다. 내가 부엌 바닥에 쓰러졌을 때, 매튜가 뛰어오더니 부엌을 가로질러 아빠에게 달려들었다. 존은 그대로 바닥으로 나가 떨어졌고, 그 충격으로 갈비뼈 세 대에 금이 갔다. 매튜는 아빠에게 소리쳤다.

"엄마를 다시 건드리면 죽여 버릴 거예요!"

그 길로 매튜와 나는 차를 타고 친구 티나네 집으로 갔다. 티나 부부는 집으로 돌아가지 말라고 나를 만류했고, 몹시 화가 나 있는 매튜를 진정시키려 애써 주었다. 그렇게 그 집에 몇 시간쯤 머물다가 집으로 돌아왔다. 존은 여분의 침실로 들어가 방문을 잠그고 있었다. 그리고 다음날 아침, 아무 일 없었던 것처럼 일어나 우리에게 다시 다정하게 굴기 시작했다. 마치 우리 가족이 '정상'으로 되돌아왔다는 듯이 말이다.

짐을 싸다

2001년 4월 7일 토요일 아침, 존은 매튜와 나에게 아침 식사를 사 주겠다며 밖으로 데리고 나갔다. 아침을 먹으면서 우리 부부는 매튜를 일하는 곳에 내려다 준 뒤 부활절 수제 초콜릿을 좀 사러가자고 이야기를 나누었다. 그러나 매튜를 데려다 준 후에 존은 사탕가게와 반대편 집 쪽으로 차를 몰아가기 시작했다. 어디로 가는지 물으니 물으니 집에 들러서 가지고 나올 게 있다고 했다. 곧이어 집에 도착하자 나에게 잠깐 집 안으로 들어오라고 하고 자신은 위층으로 올라갔다.

존이 위층에 올라가 있는 동안 나는 아래층 부엌에 있었다. 그가 내려왔을 때는 양손에 커다란 여행 가방을 들고 있었다. "뭐 하는 거야?" 내가 묻자, 존은 잠시 가방을 내려놓고 이렇게 통보했다.

"난 당신을 떠날 거야."

"뭐라구? 왜?"

"더 이상 당신을 사랑하지 않으니까."

그 말에 나 역시 본능적으로 쏘아붙였다.

"나도 당신을 사랑해 본 적 없어. 하지만 당신이 나를 더 이상 사랑하지 않는다 해도, 지금 당신이 우리 애들에게 무슨 짓을 하고 있는 건지 알고 있잖아?"

"상관없어. 내가 여덟 살 때 나한테 무슨 일이 있었는지 애들이 알게 된다면, 그 애들도 나를 이해할거야."

"뭐라고?"

그러더니 여행 가방 중 하나를 들어 차 쪽으로 갔다. 나는 홧김에 나머지 가방 하나도 들어다가 존에게 가져다주었다. 존이 다시는 집으로 돌아오지 않을 것을 그때는 미처 몰랐다.

수요일 밤, 나는 매튜를 교회 청소년부 모임에 데려다 주고 운동하러 갔다. 두 시간쯤 뒤에 다시 교회로 가서 매튜를 차에 태우고 집으로 왔는데, 차고가 텅 비어 있었다. 집 안으로 들어가 보니 가구 절반과 존의 물건 대부분이 사라져 있었다. 묘한 기분이었다. 이혼이라는 현실에 맞닥뜨리기 시작했던 것이다. 이혼은 마치 토네이도를 맞은 듯한 기분이다. 모든 게 뿔뿔이 흩어지고 대부분은 파괴된다. 곧이어 존이 우리 계좌에 있는 돈을 모두 인출해 갔다는 사실을 알게 되었다. 한 친구에게 존이 한 일을 이야기하자, 그녀는 그렇게 할 수는 없는 일이라며 변호사 친구에게 전화해 그 일에 관해 문의했다. 그리고 나에게 다시 전화해서 그 정보를 전해 주었다. 그래서 나는 존에게 연락해 변호사에 따르면 그 돈을 다시 되돌려 놓아야만 한다고 말했고, 존은 그렇게 했다.

존이 남기고 간 옷가지들과 다른 짐들을 가방 여덟 개에 나눠 담았다. 며칠 뒤 그 짐들을 가지러 존이 찾아왔다. 나는 가방들을 모두 진입로에 미리 내다 두었다. 그를 집에 들이기가 싫었기 때문이다. 존이 차에 짐을 전부 실은 뒤에 나는 그에게로 걸어가서 그날 아침 쓴 편지를 건네주었다. "이건 내가 당신에게 쓴 편지야. 당신이 우리에게 했던 모든 일들을 용서할게." 존은 그 자리에서 편지를 펼쳐 읽었다. 편지 내용은 내가 그를 용서한다는 것과 그도 부디 예수님을 알게 되기를 바란다는 기도를 담고 있었다. 존은 그 편지를 도로 접어서 셔츠 주머니 속에 집어넣었다. 그리고 우리 캐딜락을 자기한테 넘긴다는 서류에 사인을 받아내려 했다. 그 차를 팔기 위해서였다. 하지만 나는 변호사와 상의하기 전에는 아무것도 하지 않겠다고 했다. 그러자 존은 화를 내면서 떠나 버렸다.

곧이어 전화벨이 울렸다. 존이었다. 그는 이렇게 말했다.

"너 따윈 아무것도 아니야. 너는 절대로 특별한 사람이 되지 못할 거야"

나는 이렇게 답했다.

"나는 하나님의 자녀야. 난 그거면 돼"

그리고 전화를 끊었다. 또 다시 전화벨이 울렸다. 존은 똑같은 말을 반복했다.

"너 따윈 아무것도 아니야. 너는 절대로 특별한 사람이 되지 못할 거야"

나 역시 똑같이 대답했다.

"나는 하나님의 자녀야. 난 그거면 돼"

두 번째로 수화기를 내려놓았을 때, 이런 생각이 뒤따랐다. '존이 내게 아무것도 아니라고 말하는 걸 보니, 내가 특별한 사람이 될 것을 사탄도 분명히 알고 있는 거야.'

초인종

두려움이 나를 사로잡으려 했다. 이제 어떻게 살아가야 한단 말인가? 내 아들들이 아버지 없는 가정에서 자라나야 한다는 게 너무나 두려웠다. 존은 집을 떠난 뒤 일주일 만에 이혼 서류를 보내왔다. 그때서야 비로소 나는 존이 이미 오래전부터 떠날 준비를 해왔다는 것을 알게 되었다. 친구 바브와 전화 통화를 하면서 함께 기도하던 중에 한 남자가 서류 봉투를 앞뒤로 흔들며 우리 집 문 앞으로 걸어오는 게 보였다. 이윽고 그 사람이 초인종을 눌렀다. 나는 수화기를 든 채로 문을 열어주었다. 남자가 물었다.

"당신이 루앤인가요?"

"네"

"여기 이혼 서류입니다."

바브도 수화기 너머로 그 남자의 목소리를 들었다. 바브는 무슨 일이 일어나고 있는 건지 좀처럼 믿을 수 없어 했다. 나는 이혼의 근거가 대체 무엇인지를 보려고 서류를 읽어 보았다. 이런 이유들이 나열되어 있었다.

1. 그녀가 거듭난 그리스도인이기 때문에 이혼하고자 합니다.

2. 그녀는 기독교 방송만 시청합니다.

3. 그녀는 기독교 음악만 듣습니다.

4. 그녀는 광신도이기 때문에 하나님을 위해서라면 뭐든지 할 겁니다.

기절할 것만 같았다. 그 서류를 주님께로 들어 올리며 이렇게 고백했다.

"주님, 이 서류는 제가 주님께 어떠한 사람인지를 말해 주는 선언문입니다!"

나는 정말로 주님을 위해 고난을 받게 된 것이었다. 존은 단지 나를 대적했던 게 아니다. 그는 하나님을 대적한 것이었다. 어떻게 하나님과 나와의 관계를 이런 이혼 서류를 가지고 공격할 수 있단 말인가? 이런 성경 구절이 떠올랐다.

> 나로 말미암아 너희를 욕하고 박해하고 거짓으로 너희를 거슬러 모든 악한 말을 할 때에는 너희에게 복이 있나니(마 5:11)

그때까지만 해도 나는 하나님께서 우리 결혼을 회복시켜 주시리라 믿고 있었다. 왜냐하면 이혼이 우리 아들들에게 미칠 엄청난 충격을 알고 있었기 때문이다. 결혼 생활 동안 숱한 학대와 힘든 시간들로 인해 가정을 떠나고 싶었음에도 불구하고, 아이들을 생각하며 자리를 지켜 왔었다. 여러 모로 존은 좋은 아빠였지만 언제 분노를 폭발할지 도무지 예측할 수 없었다. 우리의 결혼 생활과 자녀들을 파멸시키려는 것이 원수가 원하는 바임을 알고 있었기에, 나는 존이 떠난 뒤로도 몇 달간을 계속해서 기도하며 우리의 결혼을 지속해 보려 애썼다.

"네 침실로 가라"

청소하는 일을 마치고 집으로 돌아왔을 때였다. 주님께서 이렇게 말씀하시는 것이 들렸다.

"네 침실로 가라. 너와 할 얘기가 있단다."

나는 생각했다. '주님께서 제게 말씀하시기 위해서 제가 꼭 방으로 가야만 하나요? 그냥 여기서 말씀해 주세요.' 그러면서 냉장고 쪽으로 가서 다이어트 콜라를 꺼내 들었다. 그때 주님께서 다시금 말씀하셨다.

"내가 분명 '네 침실로 가라'고 했다."

주님께서 무언가 중요한 것을 말씀하시려는 게 분명했다. 두렵기도 했지만 동시에 흥분되기도 했다. 내 방으로 가서 문을 닫고 침대 위에 누웠다. 하지만 주님의 음성이 더는 들리지 않아서 기도하기 시작했다. 그리고 주님 앞에 잠잠히 머물렀다. 마침내 주님께서 말씀하셨다.

"그를 그냥 떠나보내라. 그를 그냥 떠나보내라. 그를 그냥 떠나보내라."

주님께 말씀드렸다.

"하나님, 하나님은 이혼의 하나님이 아니시잖아요."

그러나 주님께서는 존의 마음이 굳어 있으므로 이 결혼을 그냥 놓아 주라고 말씀하셨다. 그리고 이렇게 덧붙이셨다.

"내가 너의 남편이 될 것이고 아이들의 아버지가 될 것이다. 고린도전서 7장 15절을 읽어보렴. '혹 믿지 아니하는 자가 갈리거든 갈리게 하라.' 또한 그가 간음하였으면 그것이 이혼의 근거가 된단다(마 19:9)."

이 구절들을 읽고 난 뒤에 전화가 왔다. 남편의 직장 동료였다.

"루엔, 저 바바라예요. 하나님께서 당신에게 전화해서 당신의 남편이 회사를 그만 둔 그 접수원을 아직도 만나고 있다는 걸 알려주라고 하셨어요. 하나님께서 당신이 진실을 알 필요가 있다고 말씀하셨어요."

사실을 알려줘서 고맙다고 인사하고 수화기를 내려놓자마자 다시 전화벨이 울렸다. 이번에는 아들 마이클이었다.

"엄마, 아빠를 그냥 떠나게 두세요. 제 친구가 그러는데 아빠가 애인과 함께 카지노에 있는 걸 봤대요."

아들의 전화로 인해 이제 정말로 이혼을 진행해도 괜찮겠다는 마음이 들었다. 그 시점에는 이미 남아 있을 것도 없는 결혼 생활이었지만, 아들들에 대한 염려 때문에 이 결혼을 이대로 내려놓는 것이 어려웠었다.

존에게 전화를 걸어 말했다.

"이혼 절차를 진행할게. 나도 이제 결혼반지를 뺐어. 당신을 보내 줄게."

이 말을 하는 도중 실제로 결혼반지를 뺐다. 결혼 이십삼 년 만의 일이었다. 나는 존에게 주님께서 보여주신 성경 구절들에 대해 언급하며 하나님의 말씀에 따라 이 결혼을 떠나보내겠다고 했다. 나는 이전보다 더욱 하나님을 신뢰해야 한다는 것을 알고 있었다. 이제는 모든 일에 하나님만을 신뢰해야 했던 것이다.

이혼으로 인한 분노

이혼은 매우 고통스런 경험이다. 더 이상 원치 않는 존재가 된 느낌이 든다. 이혼은 분노와 상처가 강화되어 관계를 저버리고 거절하는 것이다. 이러한 감정의 덩어리가 그대로 남아 있게 되면 마음이 우울해지고 자신이 쓸모없는 존재라고 느껴진다. 또한 증오와 냉소주의에 사로잡히기 쉽다. 이혼에 뒤따르는 감정들은 자기정체성을 빼앗아 간다. 이혼은 가정의 형태를 비정상적으로 만드는데, 특히 아이들에게 미치는 영향력은 몹시 파괴적이다. 이혼은 관계나 결혼에 대한 공포심은 물론이고 극한 불안감을 가져온다. 이혼을 진행하면서 내 아들들 역시 여러 가지 방법으로 자신들의 감정을 다뤄야만 했다. 마이클은 화가 나서 존을 비난하는 정도였지만, 매튜는 분노가 폭발해 자동차를 발로 차서 두 군데나 크게 찌그러뜨렸다. 아이들은 틀림없이 보이지 않는 눈물을 흘렸을 것이다. 하지만 나는 아이들이 존을 용서하고 자신의 아버지로서 존경해야만 성경이 말씀하는 축복을 누릴 수 있다는 것을 알고 있었다.

네 부모를 공경하라 그리하면 네 하나님 여호와가 네게 준 땅에서 네 생명이 길리라(출 20:12)

비판을 받지 아니하려거든 비판하지 말라(마 7:1)

크리스마스는 우리 가족이 가장 좋아하는 명절이었다. 나는 크리스마스 때면 집안 구석구석을 멋지게 장식하곤 했다. 그러나 이혼 후 첫 번째 맞이하는 크리스마스에 매튜는 트리조차 세우지 말자고 했다. 마이클과 매튜는 크리스마스에 집에 있는 것이 싫어서 전부터 일해 오던 식료품점에서 보안요원 일을 하겠다고 자처했다. 여러 해가 지나고 나서야 아이들은 크리스마스에 존과 교류하게 되었다. 비록 아파트 주차장에서 서로 선물을 교환하는 식의 제한적인 만남이었지만 말이다. 그러나 존과 아이들의 관계는 점점 더 나아지고 있다. 아이들에게는 항상 아빠를 용서하라고 격려해 왔지만, 그렇다고 해서 우리 중 누구도 그 아픔을 완전히 잊은 것은 아니었다. 치유는 점진적이다. 그러나 용서는 선택으로부터 시작된다. 관계 가운데 고통을 마주하게 되었을 때, 당신이 그토록 혐오해 왔던 그런 류의 사람이 당신 자신이 되지 않도록 각별히 주의해야 한다.

제5장

하나님,
제가 신데렐라가 된 것 같아요!

첫 번째 고객은 내 친구였다. 친구네 집 벽난로에 쌓인 재들을 닦아내면서 내 처지에 그만 압도되고 말았다. 나는 이제 대학생 아들 하나와 집에 있는 아들 하나를 둔 싱글맘이다. 집은 압류되었고 이제 곧 파산을 앞두고 있었다.

God, I Feel Like Cinderella!

친구 티나로부터 연락이 왔다. 자기 딸이 일하는 청소 업체에서 일해 보지 않겠냐는 것이었다. "응, 해보고 싶어. 청소하는 거라면 나도 좋아하거든." 그렇게 티나의 딸과 함께 여러 집을 찾아다니며 청소하는 일을 시작했다. 그 후로 얼마 지나지 않아 주님께서 한 선지자를 통해 말씀하셨다. 내가 직접 운영하는 청소 사업을 주님께서 축복하기 원하신다는 것이었다. 이 말씀을 믿기란 쉽지 않은 일이었다. 나만의 사업을 시작한다는 게 너무나 두려웠기 때문이다. 하지만 결국 그 두려움을 극복하고 사업을 시작했다.

첫 번째 고객은 내 친구였다. 친구네 집 벽난로에 쌓인 재들을 닦아내면서 내 처지에 그만 압도되고 말았다. 나는 이제 대학생 아들 하나와 집에 있는 아들 하나를 둔 싱글맘이다. 집은 압류되었고 이제 곧 파산을 앞두고 있었다.

좌절감에 사로잡혀 주님을 향해 두 손을 들어 올리고 울부짖었다.

"하나님, 제가 신데렐라가 된 것만 같아요!"

그러자 곧바로 하나님께서 응답하셨다.

"그래, 너는 신데렐라다. 그리고 내가 너를 구해낼 것이다! 네 청소 업체의 이름을 '신데렐라 청소 서비스'라고 지었으면 좋겠구나."

그날 밤 교회에서 우리 교회 교인이자 내 고객인 분이 다가와서 이렇게 말했다.

"당신의 업체에 이름을 붙여야만 할 것 같은데요."

나는 웃으며 말했다.

"맞아요, 하나님께서 오늘 이미 제게 말씀해 주셨어요!"

그리고 나의 '신데렐라 이야기'를 들려주었다. 그녀 또한 매우 즐거워했다.

이제 나는 친구와 주변 이웃들의 집을 청소하게 되었다. 알고 지내던 주변 사람들의 집을 청소해 주는 것은 무척이나 어렵고도 어색한 일이었지만, 그 일을 할 수 있다는 것만으로도 감사했다. 비록 굴욕감을 느낄지라도 먹고사는 데 보탬이 된다면 무엇이든 기꺼이 하고자 했다. 여러 해 동안 알고 지내던 교회 목사님들이었지만, 나는 이제 그 집에 고용된 청소부였다. 그래도 청소 사업을 하는 것이 내게는 그나마 쉬운 일이었다. 어렸을 적 엄마가 청소하는 법을 워낙 잘 가르쳐 주셨기 때문이다. 내가 제대로 해내지 못하면 엄마는 완벽하게 할 때까지 몇 번이고 다시 하도록 지시하시곤 했다. 게다가 나는 항상 집을 정리하고 청소하는 것을 즐겼다. 사람들도 종종 우리 집이 얼마나 깔끔한지 칭찬했다. 하지만 먹고살기 위해 남의 집을 청소하게 되리라고는 상상조차 못했다.

나는 이러한 일이 다가올 것을 전혀 예측하지 못하고 있었다. 남편은 높은 연봉을 받는 관리직에 있었고, 무엇이나 필요한 게 있으면 그냥 가서 살 수 있었다. 모든 것을 가졌다가 모든 것을 잃었다. 그리고 잃지 않고 남아 있던 것들조차 결국에는 모두 나눠줘 버렸다. 과거의 물건들은 하나도 내 곁에 남겨두고 싶지 않았기 때문이다. 나중에는 주님께서 내가 가지고 있던 값비싼 보석마저 다른 사람에게 주라고 말씀하셨다.

한번은 매튜와 나에게 빵 사먹을 돈조차 없던 적이 있었다. 빵을 사기 위해서 집에 남아 있던 다이어트 콜라병들을 모아서 가게에 내다 팔아야만 했다. 그것은 나를 매우 낮추는 경험이었다. 나는 가정을 이끌어가기 위해서 어쩔 수 없이 해야 하는 일들을 감당하는 법을 배우고 있었다. 성경의 한 과부 이야기가 떠올랐다. 과부는 먹을 것이 없어 아들을 잃기 일보직전이었는데, 선지자의 말에 순종하여 가지고 있는 병과 그릇들을 모두 모으고 기적을 간절히 바라며 조금 남은 기름을 부었다. 나는 여러 해 동안 교회에서 운영하는 무료급식소에서

봉사활동을 해왔는데, 바로 내가 그 급식소 음식을 필요로 하는 때가 오리라고는 상상조차 못했다.

일생 동안 수많은 수치심과 죄책감을 끌어안고 살아왔던 나에게 이혼은 더 많은 짐을 지워주었다. 학대받은 사람들은 자신이 가치 없는 존재라고 느끼게 된다. 가치 없는 존재라고 느끼게 되면 소망 또한 잃어버린다. 나는 청소 바구니를 들고 우리 집과 청소할 집 사이를 가로질러 가야 했다. 하나님께서 나의 교만을 깨뜨리고 계셨다. 얼마 동안은 차도 없었기 때문에 친구들이 청소 바구니와 함께 나를 일하는 곳까지 태워다 주었다. 다음 집으로 이동하기 위해서는 또 다른 누군가 데려다 주어야만 했고, 하루를 마감할 무렵에는 또 다른 사람이 집까지 태워다 주어야 했다. 사정을 모르는 친구들이나 이웃들을 우연히 만나게 될까 항상 두려웠다. 그렇게 되면 내게 어떤 일이 있었는지 모두 설명해야 했기 때문이다. 누군가 내게 가족이나 남편, 이혼에 대해 물을 때마다 모든 고통과 수치심들이 다시금 수면 위로 떠올랐다. 그토록 오랜 시간 동안 주변 사람에게 완벽한 가족으로 보이기 위해 부단히 노력해 왔었는데, 이제는 진실을 말해야만 했던 것이다. 진실은 많은 사람들을 혼란스럽게 했지만, 내게는 오히려 현실을 직시하게 해주었다.

주님께서는 점차적으로 더 많은 고객들을 보내 주셨다. 하나님께서 내 사업을 축복하고 계셨다. 나의 사업은 사업인 동시에 사역이 되

었다. 내가 청소를 해주던 고객들은 내가 "불 가운데로 통과할 때"에
도 나를 선대하시는 하나님을 분명하게 목격할 수 있었다.

넌 항상 착한 아이였단다

2002년 8월의 일이다. 교회에 있는데 론 목사님께서 다가오시더니
이혼 때문에 겪고 있는 문제들은 일단 제쳐두고 엄마부터 만나고 오
는 게 좋겠다고 하셨다. 엄마는 차로 여섯 시간 정도 걸리는 곳에 살고
계셨는데, 암에 걸려 죽음을 앞두고 계셨다. 이미 팔 년 전 유방암을
이겨내신 엄마였다. 그때의 수술 이후 많이 좋아지셨지만, 이번에는
골수암 때문에 이 년간 병중에 계셨다.

아이들을 데리고 엄마를 만나러 갔다. 암으로 인해 피폐해진 엄마
의 모습을 보고 우리 모두 큰 충격과 슬픔을 느꼈다. 하나님께서 특별
히 치유해 주시지 않는 이상, 돌아가실 날이 머지않아 보였다. 엄마가
그토록 고통을 겪고 계신 것을 지켜보기란 참으로 어려운 일이었다.
이제 엄마의 몸은 뼈만 앙상하게 남아 있었다. 엄마는 우리를 보시고
무척 즐거워하셨다.

다음날 아침, 휠체어에 탄 엄마를 거실로 모시고 갔다. 힘이라곤
다 빠져 계셨다. 그때 하나님께서 이렇게 속삭이시는 게 들려왔다.

"여기서 멈춰서 엄마에게 엄마가 너의 엄마여서 얼마나 고마운지 이야기하렴. 그리고 엄마에게 항상 불순종했던 것에 대해 용서를 구하려므나"

그 음성에 순종해 그 이야기를 꺼내자 엄마는 이렇게 말씀하셨다.

"얘야, 넌 내게 불순종했던 적이 없단다. 넌 항상 착한 아이였어."

엄마와의 관계에 있어서 특별한 치유가 임하는 순간이었다. 우리 집에서 성장하는 동안 나는 사실 엄마를 절대로 만족시킬 수 없을 것이라고 느껴왔다. 하지만 그날 엄마는 나를 꼭 껴안아 주셨고, 우리는 서로 입을 맞추었다.

집으로 돌아가기 전까지 함께 보낼 시간은 사흘밖에 없었다. 가능한 이 시간을 엄마에게 최고 특별한 시간으로 만들어 드리고 싶었다. 그래서 최대한 많은 시간 엄마와 대화를 나누려고 노력했다. 엄마는 진통제 때문에 긴 시간 주무셔야 했기 때문이다.

엄마는 우리 아들들에게 아이스크림을 사주고 싶다며 드라이브를 시켜 달라고 하셨다. 차 안에서 엄마는 조수석에 달린 거울을 끌어내리셨다. 약할 데로 약해진 몸이었지만 립스틱이라도 발라 단장하려고 하셨던 것이다. 할머니에게 해야 했던 그 맹세에 손으로 얼굴 일부에 화장을 하고 입술 바르는 것을 겨우 마무리하셨다. 아들들과 나는 조용히 미소 지었지만 동시에 눈물이 고였다. 엄마가 그토록 약해지신 것을 바라보려니 마음이 아파왔다. 훗날 마이클은 장례식에서 이런 조문을 낭독했다.

"할머니는 쇠약해 지시면서도 자신만의 품위를 잃지는 않으셨습니다."

떠날 시간이 되어 엄마와 함께 기도했다. 엄마는 제발 가지 말라고 애원하셨다. 주님께서 엄마를 본향으로 데려가실 날이 얼마 남지 않았음을 우리 모두가 알고 있었다.

내가 데일과 재혼한 후에 마이클이 할머니가 돌아가시기 전 자기에게 남겼던 말을 들려주었다. 할머니는 마이클에게 이렇게 부탁하셨다.

"엄마랑 아빠가 함께할 수 있도록 만들겠다고 약속해 주렴."

마이클은 그렇게 하겠다고 대답했다. 우리가 이혼을 진행했던 기간 내내 할머니와의 약속이 마이클에게 얼마나 많은 잘못된 책임감과 압박감, 분노와 좌절감을 낳았는지 이제는 이해가 된다. 나는 마이클이 엄마에게 해야만 했었던 그 맹세에 취소를 선포해 주었다. 그 맹세는 오랫동안 마이클의 마음에서 떠나지 않고 있었지만, 그 맹세를 취소함으로써 마이클에게는 새로운 차원의 평안함이 풀어졌다.

다시 울린 초인종

뉴욕으로 돌아온 후에 친구 프리다가 찾아왔다. 프리다와 함께 교회에 갈 준비를 하고 있는데 초인종이 울렸다. 주일 아침 일곱 시였다.

"이렇게 이른 시간에 찾아올 사람이 없을 텐데."

문을 열어주자 거기 서 있던 남자가 이렇게 말했다.

"당신 지프차 열쇠 좀 주세요."

내가 왜 그렇게 해야 되느냐고 묻자, 남자는 우리 지프차가 압류되었다고 했다.

"그건 불가능해요. 남편이 대금을 지불할 의무가 있는데요. 별거서류에 그렇게 써 있다고요."

"글쎄요, 저야 어쩔 수 없죠. 아무튼 저는 그 지프차를 가져가야만 해요."

나는 열쇠를 가지러 갔고, 프리다는 위층으로 올라가 엉엉 울었다. 프리다는 존이 나를 대하는 태도를 차마 믿을 수 없어 했다. 그 회수원 남자가 떠난 뒤에 나는 이렇게 선포했다.

"사탄아, 네가 내게서 훔쳐간 것을 반드시 되돌려 놔야만 할 것이다! 네가 지프차를 빼앗아갔다면 이 생애 동안에 칠 배로 갚아 줘야 할 것이다! 하나님께서 나를 어떻게 축복해 주실지 너무나 기대가 되는구나!"

비록 교회까지 친구들의 차를 얻어 타고 가야 했지만 나는 계속해서 주님을 찬양했다.

"마귀는 내 기쁨을 빼앗아갈 수 없어!"

그리고 이렇게 기도드렸다.

"하나님, 제가 어떻게 해야 차를 얻을 수 있지요?"

내게는 돈이 없었다. 남편이 파산선고를 하는 바람에 나 역시 덩달아 파산선고를 할 수밖에 없었고, 그로 인해 내 신용 상태는 엉망이 되어 버렸다. 하지만 나는 나의 하나님께서 그리스도 예수 안에서 영광 가운데 그 풍성한 대로 나의 모든 쓸 것을 채우실 것임을 알고 있었다 (빌 4:19).

하루는 함께 기도하는 친구들인 캐서린, 킴, 마이크가 찾아와서 자동차 영업소에 데려다 주겠다고 제안했다.

"루앤, 네가 원하는 차를 골라서 주님께 그 차를 달라고 요청해 보는 게 좋겠어. 원수가 네 차를 빼앗아갔지만, 우리 모두는 하나님께서 네게 더 좋은 것으로 갚아 주실 거라고 믿고 있어. 네가 원하는 차종은 뭐야?"

친구들에게 내가 원하는 차는 바로 BMW라고 했다.

"뭐, BMW라고?"

"응, BMW!"

그래서 우리는 뉴욕 유티카에 있는 BMW 영업소로 운전해 갔다. 영업소 직원에게 BMW 7 시리즈에 관심이 있으니 브로슈어를 하나 달라고 했다. 직원이 가게 안쪽으로 사라진 뒤에 그 BMW 7시리즈로 다가가서 손을 얹고 이렇게 기도했다.

"예수님의 이름으로 주님께 감사드립니다. 원수가 내게서 훔쳐간 것을 주님께서 회복시켜 주실 것입니다. 예수님의 이름으로 내게 주실 이 BMW로 인하여 감사드립니다. 아멘."

집으로 돌아와서 BMW 7 시리즈 사진을 오려서 냉장고 위에 붙여 두었다. 그 집에서 쫓겨나기 전까지 이 년 동안은 그 사진이 냉장고 위에 붙어 있었다. 아이들은 어째서 BMW 사진을 냉장고에 붙여 둔 거냐고 물었다. 나는 하나님께서 우리에게 BMW를 주실 거라고 믿고 있기 때문이라고 이야기해 주었다. 아이들은 나를 비웃으며 때로는 놀리기까지 했다. 아이들은 아무것도 가진 게 없으면서 하나님께서 그토록 비싼 물건을 주실 것을 믿는다는 건 말도 안 되는 일이라고 생각했다. 그때의 일을 뒤돌아보려니 눈물이 난다. 나와 가까웠던 사람들조차 내가 하나님의 음성을 들으며 내 인생 가운데 그분의 인도하심을 받고 있다는 사실을 믿어 주지 않았다. 당시에는 그것으로 인해 좌절감을 느끼고 고통스러워했다. 그러나 하나님께서는 내가 주위 사람들의 말보다 하나님의 음성에 더욱 귀 기울이는지를 알아보고자 하셨다. 사람들이 BMW 사진에 관해 물어볼 때마다, 나는 원수가 내게서 훔쳐간 것을 반드시 칠배로 갚아줘야 할 것이라고 이야기했다.

용서의 힘

그 주가 끝나갈 무렵 교회 친구인 프랭크 멜리스가 전화를 했다. 그는 내 이혼 담당 변호사이기도 했다.

"루앤, 어머니는 좀 어떠셔?"

"상태가 정말 안 좋으셔."

"루앤, 어머니가 구원을 받으셨니?"

"엄마가 예수님을 주와 구원자로 영접하는 기도를 하시긴 했는데, 아직 마음속에 용서하지 못한 사람들이 있다고 말씀하셨어."

나는 엄마에게 용서가 얼마나 중요한지 거듭 설명 드렸지만, 엄마는 몇몇 사람들은 도저히 용서하실 수 없다고 하셨다. 프랭크에게 엄마가 상처를 받아 용서하기 어려워하는 사람 세 명이 있다고 알려주었다. 프랭크가 말했다.

"루앤, 이 전화를 끊고 어머니께 바로 전화를 드려. 그리고 이 사람들을 꼭 용서해야만 한다고 말씀드려. 어머니가 이분들을 용서하지 않는다면 하나님께서도 어머니를 용서하시지 않을 거야."

마태복음 6장 14-15절이 이 사실을 분명하게 설명해 주고 있다.

너희가 사람의 잘못을 용서하면 너희 하늘 아버지께서도 너희 잘못

을 용서하시려니와 너희가 사람의 잘못을 용서하지 아니하면 너희
아버지께서도 너희 잘못을 용서하지 아니하시리라

전화를 끊고 나서 잠시 기도했다.

"예수님, 이제 곧 엄마와 나눌 대화를 당신의 보혈로 덮어주시기를
간구합니다. 사탄아, 예수님의 이름으로 너를 결박한다. 엄마가 나에
게 말하는 것을 허락할지어다. 사탄아, 내가 명하노니 결박을 받고 잠
잠할지어다. 주님, 엄마가 저와 대화를 나눌 수 있을 정도로 의식을 되
찾게 해주실 것으로 인하여 미리 감사드립니다."

그리고 엄마에게 전화를 했다. 엄마는 지난 며칠간 코마 상태에 빠
져 간간이 의식이 돌아왔다 떠나기를 반복하고 계셨다. 아빠가 전화
를 받으셨다.

"아빠, 엄마는 좀 어떠세요?"

"통 반응이 없었는데 방금 의식을 되찾았어."

그때 엄마가 말씀하셨다.

"잭, 누가 전화한 거예요?"

아빠가 답하셨다.

"루루가 전화했어."

엄마는 나와 통화하고 싶다고 말씀하셨다. 아빠는 엄마가 그 정도
로 의식을 되찾으신 것을 보고 매우 놀라워하셨다. 엄마와 잠시 대화

를 나누고 이렇게 말씀드렸다.

"엄마, 예수님은 엄마를 치유하거나 아니면 본향으로 데려가기를 원하세요. 하지만 그렇게 되려면 먼저 엄마가 엄마에게 상처 준 그 사람들을 용서해야만 해요. 그 사람들을 용서하시겠어요?"

몇 초쯤 지나 엄마가 이렇게 대답하셨다.

"그래, 내가 용서한다. 내가 용서한다. 내가 용서한다."

엄마는 그 세 사람의 이름을 부르며 그들 모두를 용서하셨다. 나는 이렇게 말했다.

"이제 예수님도 엄마를 용서하실 수 있어요."

그때 수화기가 엄마 손에서 미끄러져나가 바닥으로 떨어졌다. 다시 혼수상태에 빠지신 것이었다. 그래도 나는 기쁨 가운데 수화기를 내려놓았다. 엄마가 마침내 용서치 못하는 마음에서 해방되셨다는 사실을 확인할 수 있었기 때문이다. 그리고 그것이 엄마와의 마지막 대화가 되었다. 엄마는 다음날 아침 여덟 시에 돌아가셨고, 곧이어 아빠로부터 엄마가 방금 세상을 떠나셨다는 전화를 받았다. 하지만 나는 진심으로 기뻐할 수 있었다. 엄마가 더 이상 고통스러워하시지 않아도 되었기 때문이다. 엄마가 나의 주요 구원자이신 예수 그리스도와 함께 하심을 알았기에 오히려 기뻤다.

내가 얼마나 더 많은 일들을 감당해낼 수 있단 말인가? 성경 말씀한 구절이 내게 다가왔다. 하나님께서는 사람이 감당할 수 있는 것 이상으로 주시지 않는다. 하나님께서 당신에게 감당하게 하신 것이라면, 반드시 당신을 통해 이뤄내시고야 만다. 엄마는 돌아가셨고, 나는 엄마 장례식에 타고 갈 차조차 없었다! 장례식 장소는 운전해서 다섯 시간 걸리는 거리였다. 내 청소업체 고객 중 한 분이 자동차 사업을 했는데, 그 로저와 매리 부부가 자기들 차 중 한 대를 장례식까지 타고 가라고 빌려주었다. 이것은 하나님께서 그분의 사람들을 통해 공급하신 여러 가지 것들 중 하나에 불과했다. 나는 이들이 베풀어 준 너그러운 마음씨에 두고두고 감사할 것이다.

장례식장에서 아빠를 만났다. 나는 두 팔을 벌려 아빠를 가만히 안아드렸다. 아빠는 무척 슬퍼하고 계셨다. 아빠는 엄마를 진정으로 사랑하셨다. 장례식은 교회에서 치러졌고, 식을 진행하는 분들께 장례식 도중 '상상만 할 수 있을 뿐이죠'(I Can Only Imagine)라는 찬양을 연주해 달라고 부탁했다. 이 곡은 천국에서 예수님과 처음으로 만났을 때를 노래하는 것이다. 그리고 사람들이 이 노래를 연주하는 동안, 엄마가 더 이상 아무 고통 없이 주님과 함께 계시다는 사실로 인해 기뻐하며 내 손을 들어 올렸다.

마이클이 장례식 추도문을 낭독했다. 그 글의 제목은 '두려워하지 마세요'였다. 마이클은 할머니가 두려워하곤 했던 것들에 대해 이야기했다. 할머니가 가장 크게 두려워했던 것은 바로 죽음이었다. 할머니를 향한 마이클의 마지막 말은 이것이었다. "미미 할머니, 이제 두려워하지 마세요." 마이클의 추도문은 매우 감동적이어서 가족들 모두 눈물을 흘렸다.

오빠와 언니들 역시 매우 슬퍼보였다. 그들은 내가 온갖 일들을 겪어 오면서도 어떻게 그렇게 행복해할 수 있는지 놀라워했다. 나는 모든 어려움 속에서도 하나님께서 내 모든 필요를 채워 주셨다는 간증을 나누었다. 하나님께서는 슬퍼하던 형제들에게 평강과 위로를 주셨고, 그들은 내가 자랑스럽다고 말해주었다. 장례식을 마치고 집에 돌아왔을 때 우리 집이 압류되었다는 통지서를 받았다. 성경의 욥이 된 기분이었다. 그렇게 전쟁은 계속되고 있었다.

여행을 떠날 시간

그로부터 두 달이 채 지나지 않아 프랭크가 이런 이야기를 했다. "루앤, 너도 브라질 선교여행에 가봐야 할 것 같아." 프랭크는 얼마 전 랜디 클락 목사님(해외 선교 여행을 통해 그리스도인들을 훈련시키고 있는 치유 사역자이자 복음 전도자)과 함께 브라질 선교 여행을 다녀온 참이었다. 그는 이번 여행이 매우 강력한 경험이었다고 말해 주었다. 나는 웃으며 말했다.

"내가 어떻게 브라질에 갈 수 있겠어? 집도 잃어버릴 마당에. 나는 차도 없고 엄마는 얼마 전에 돌아가셨어. 게다가 곧 있으면 이혼하게 될 텐데."

브라질에 가는 것은 고사하고 거기 가는 데 드는 비용을 계산해 볼 엄두조차 나지 않았다. 그래서 프랭크의 그 말이 예언적인 말이었다고는 상상도 못했다. 그러나 하나님께서는 프랭크를 통해 내게 말씀하고 계셨다.

나는 수년간을 가정주부로 지내왔다. 열여덟 살이 되기 전에는 넓은 바다에 나가본 적조차 없었다. 브라질로든 다른 어떤 나라로든 선교여행을 간다는 것은 나와는 상관없는 일 같았다. 그러나 하나님께는 상관있는 일이었다. 일단은 내 사고방식을 바꾸는 것부터 쉽지 쉽지 않았다. 모든 것을 잃고 있는 상황에서 전에는 한 번도 해본 적 없는 새로운 일을 시도해야 했다. 예전에 트레이시 암스트롱 선지자가 어떤 부부에게 열방으로 나가게 될 거라고 예언했을 때 내 목이 마구 흔들렸는데, 이제 그 일이 나에게 실제로 일어나려 하고 있었다.

얼마 후 교회에서 집회를 열었고, 나는 도서 판매대에서 일하고 있었다. 캐시라는 이름을 가진 친구가 다가오더니 판매대 위에 수표 한 장을 올려놓았다. 이게 뭐냐고 묻자 캐시는 뒤돌아 걸어가면서 이렇게 말했다.

"나도 몰라. 하나님께 여쭤봐. 하나님께서 이 돈을 너한테 주라고 말씀하셨어."

고맙다고 말하고 수표를 보니 백 달러였다. 그 돈을 바라보고 있었을 때 주님께서 이렇게 설명해 주셨다.

"이 돈이 브라질로 가는 선교 여행 등록비란다."

나는 소리 내어 웃고 말았다.

"네, 그렇겠지요. 그런데 차도 없는 형편에 브라질에는 어떻게 간다는 말씀이세요?"

그렇게 주님과 다투고 있을 때 로드아일랜드 주에서 온 한 남자분이 판매대 쪽으로 다가오더니 또 백 달러를 건네주었다.

"하나님께서 이걸 주라고 말씀하셨어요."

그때 주님께서 이렇게 말씀하시는 것이 들려왔다.

"이건 등록비의 나머지 금액이다."

랜디 클락 목사님의 다음번 브라질 선교 여행의 등록비는 정확이 2백 달러였다. 주님께서 이토록 빨리 채워 주시다니 너무나 놀라웠다.

다음날은 여느 때처럼 주일 오전 예배가 있는 날이었다. 론 목사님께서 오시더니 이렇게 말씀하셨다.

"안녕하세요, 루앤. 제가 믿기로 당신은 브라질에 가야만 해요."

론 목사님은 내가 받은 재정에 대해서는 전혀 모르고 계셨다. 나는 웃으며 목사님께 말씀드렸다.

"좋아요, 이게 하나님의 뜻이라면 마이크 목사님도 제게 오셔서 브라질에 가야 한다고 말씀하셔야 할 거예요."

그리고 예배 도중에 정말로 마이크 목사님이 다가오시더니 조용히 말씀하셨다.

"루앤, 당신이 브라질에 가야만 한다고 주님께서 말씀해주셨어요. 바브 자매(목사님의 아내)와 제가 250달러를 드릴게요."

나는 울음을 터뜨렸다.

"네, 하나님. 제가 가겠습니다. 그런데 재정이 더 필요해요."

그러자 여러 주에 걸쳐 계속해서 돈이 들어왔다.

친구 티나와 캐를린과 함께 여권 대행업체를 찾아갔다. 업체에서는 삼주 안에 우편으로 여권을 받아볼 수 있을 것이라고 했다. 친구들의 여권은 그 말대로 제 시간에 배달되었지만 내 여권만 도착하지 않았다. 조금 늦어지나 보다 하고 한 주를 더 기다렸다. 이제부터 이야기하려는 전화 통화를 나는 절대 잊지 못한다. 전화벨이 울려서 받으러 가려는데 주님께서 분명하게 말씀하셨다.

"걱정하지 마라. 내가 모든 것을 다스리고 있단다."

나는 생각했다. '하나님, 그게 무슨 뜻인가요?'

전화를 건 사람은 여권 대행업체에서 일하는 여직원이었다.

"루앤, 당신이 여권을 만들기 위해 지불한 금액을 도둑맞았어요. 그 도둑이 당신의 출생증명서랑 신분증명서까지 파기했어요."

그 직원은 올버니 시에 위치한 기록국에 전화를 걸어 출생증명서를 새로 발급해서 그 서류를 다시 유티카에 있는 여권 대행업체로 보내도록 요청해 달라고 했다. 그러면 업체에서 출생증명서와 여권을 위싱턴디시에 있는 브라질 대사관에 보내서 비자를 발급 받고 모든 서류를 다시 택배로 보내 주겠다고 했다. 그 여직원은 내 출국 날짜를 고려할 때 제 시간 안에 여권을 받아 보려면 기적이 필요할 거라고 이야기했다.

나는 하나님께서 이 상황을 다스리고 계신다는 것을 단순히 믿기만 하면 되었다. 브라질로 떠나기 하루 전, 금요일이 되었는데도 여권은 도착하지 않았다. 그날은 티나가 찾아오기로 해서 대문 쪽을 내다보며 기다리고 있었다. 티나는 이번 브라질 여행을 위해 기도해 주려고 들르기로 했었다. 그때 택배 차량이 오는 게 보였다. 친구 티나의 차가 그 차 바로 뒤를 따라오고 있었다. 티나는 몹시 신나했다. 그녀 역시 앞에 있는 차에 내 여권이 있다는 것을 알고 있었기 때문이다. 물론, 여권은 그 차로 도착했다! 제시간에 딱 맞춰 도착한 것이다. 하나님께서 우리에게 공급하시는 방법은 참으로 놀랍다. 하지만 우선은 모든 일에 그분을 신뢰해야만 한다. 이제 여행에 필요한 모든 경비도 채워졌다. 아들들은 차 한 대조차 없는 엄마가 정말로 브라질에 갈 수 있게 되었다는 것을 선뜻 받아들이지 못했다. 다음날 우리 교회 팀은 비행기를 타고 휴스턴에 가서 나머지 팀원들을 만났다. 그들 역시 여러 다른 주에서 비행기를 타고 왔다.

그렇게 우리는 브라질 상파울로에 도착했다. 하나님께서 행하실 일들을 그려보니 가슴이 벅차올랐다. 사흘 동안은 헤시피 시에서 보냈다. 첫 번째 집회가 끝난 후에 사람들에게 기도해 주기 위해 팀원 모두가 뿔뿔이 흩어졌다. 내가 처음 기도해 준 사람은 아내가 삼십 년 전에 저지른 잘못을 용서하지 못해 생겨난 쓴 뿌리로 마음이 굳어져 있었다. 그에게 내 이야기를 들려주자 주님께서 그 사람의 마음을 부드럽게 해주셨고, 이내 그의 눈가에 눈물이 맺혔다.

남자가 말했다.

"삶은 공평하지 않아요."

내가 말했다.

"우리 모두가 마음 아픈 일을 겪기 마련이에요. 게다가 그중 대부분은 우리랑 가장 가까운 사람들로 인한 것이지요."

이 말이 그 사람 안에 있던 무언가를 깨뜨려준 모양이었다.

"좋아요, 아내를 용서하겠어요."

그가 아내를 용서했을 때, 그 안에 있던 굳어진 마음이 떨어져 나갔다. 눈물이 그의 두 뺨을 타고 흘러내렸다. 아내를 용서하고 나니 엄청난 해방감이 느껴진다고 했다. 그의 굳어진 마음은 무려 삼십 년 동안 상처와 고통을 먹고 자라난 것이었다.

이 남성에게 사역한 뒤에 일곱 명의 여성이 기도받기 위해 내 앞으로 왔다. 이들 모두가 학대 받는 결혼 생활을 하고 있었다. 몇몇은 이혼을 했고 몇몇은 남편에게 버림 받았다. 한 여자가 말했다.

"저는 이혼을 했어요. 남편은 떠나버렸고 저는 절망했어요. 하나님께서 기적을 일으키실 수 있을까요?"

나는 그녀에게 내 간증을 나누었다. 그리고 이렇게 말했다.

"사람이 공급해 줄 것을 기대하지 말고 하나님께서 공급해 주실 것을 기대하세요."

하나님을 예배함으로써 우울증을 날려 보낸 내 경험도 이야기해 주었다.

이혼의 과정을 겪게 될 때, 원수는 당신이 아무에게도 필요치 않은 사람이라는 느낌을 갖게 만든다. 버려짐과 거절감의 영이 당신 안에 머물려 하는 것이다. 결혼 생활을 끝낸 잘못이 당신의 배우자에게 있음에도 불구하고, 당신은 당신 자신이 무언가 잘못했다고 느끼게 된다. 따라서 자기혐오와 외로움, 우울함과 싸우게 된다. 이럴 때면 차라리 고립된 상태로 있는 것이 안전해 보일지 모르지만, 실제로는 더 많은 좌절감을 가져올 뿐이다. 이혼한 뒤에는 당신의 이마에 커다랗게 '이혼'이라는 도장이 찍혀진 것만 같은 기분이 들 것이다. 나 역시 하나님께서 나처럼 이혼한 사람을 사역자로 써주실 것이라고 믿기가 어려웠다.

이 여성들을 위해 기도하기 시작했을 때, 나는 거절감과 버려짐의 무게가 이들에게서 떨어져 나가는 것을 실제적으로 느낄 수 있었다. 원수는 당신의 상한 마음에 영적인 견고한 진을 지어 당신의 인생을 조종하려 든다. 원수는 그 상처들을 계속해서 생생하게 만들어서 그

것으로 영적인 요새를 더욱 견고하게 할 것이다. 이 견고한 진들은 계속해서 우울한 마음을 일으킴으로써, 당신의 과거를 이용해 미래마저 가로막을 것이다.

내가 이 여성들을 위해 기도하는 모습을 우리 목사님도 보고 계셨다. 목사님은 이 여성들의 삶 가운데 있던 견고한 진이 파쇄될 때 그들이 흐느껴 우는 것을 보셨다. 목사님은 놀라워하시며 이렇게 말씀하셨다. "루앤, 이제 당신 인생의 부르심이 무엇인지 아시겠어요? 하나님께서는 당신이 뚫고 나와 승리한 것을 사용하셔서 다른 이들에게 사역하도록 하고 계세요. 하나님께서는 당신이 이겨낸 것마다 다른 사람들을 돕는 데 사용하실 거예요."

내 머리 위로 떨어지는 빗방울

다음에 방문한 도시는 '조앙 페소아'였다. 그곳에서는 엄청난 기적들이 쏟아 부어졌다. 기적에 대한 브라질 사람들의 믿음은 상당했다. 히브리서 11장 6절의 말씀이 계속해서 떠올랐다.

믿음이 없이는 하나님을 기쁘시게 하지 못하나니

브라질 사람들은 엄청난 믿음을 소유하고 있었다.

조앙 페소아 시 다음으로는 나탈 시에 갔다. 나탈 시에서의 집회는 초대형 실내 경기장에서 개최되었다. 적어도 삼천 명 이상의 사람들이 운집해 있었다. 다비 실바와 마이크 시어가 예배를 인도했다. 다비는 예배와 치유, 기적과 이사에 대한 강력한 기름부음이 있었다. 랜디 클락 목사님이 말씀을 전했다. 목사님은 "하나님께서는 '작고 늙은 나' 까지도 사용하실 수 있다"고 말씀하셨다.

"하나님께서는 여러분 중 몇몇을 초자연적 경험 가운데로 인도할 준비를 하고 계십니다. 하지만 그에 앞서 여러분은 하나님께서 여러분을 위해 예비하신 것으로부터 멀어지게 만드는 모든 것들에 대해 회개하셔야만 합니다."

목사님이 말씀하신 내용은 집회에 참석한 사람들뿐 아니라 사역 팀원들에게도 해당된다는 생각이 들었다. 계속해서 말씀이 이어졌다.

"여러분이 회개해야 할 것이나 용서를 구해야 할 것이 있다면 성령께 보여 달라고 기도하십시오. 여기 회개한 사람들 중 몇몇 분들은 지금 빗방울이 떨어지는 것 같은 느낌을 받고 있습니다."

당시 성령께서 내게 하신 말씀을 기억한다.

"너는 교만함을 회개해야 한다."

나는 즉각 회개했고, 바로 그때 정말로 빗방울이 내 위로 떨어지는 듯한 느낌을 받았다! 내 머리 위로는 분명 천장이 있었기 때문에, 그

비가 대체 어디서 떨어진 것인지 도무지 알 수 없었다. 그때였다. 말씀을 전하는 분들 중 한 분이었던 캐시 오츠 사모님이 내 쪽으로 몸을 돌리더니 이렇게 말씀하셨다.

"거기 있는 여자분, 이리로 올라오세요. 하나님께서 당신에게 엄청난 일을 행하시려고 해요."

그 말을 듣고 앞쪽으로 달려 나가자마자 하나님의 능력이 내 위에 임하여 쓰러지고 말았다. 그렇게 적어도 이십 분간을 하나님의 능력 '아래' 머물러 있었다. 하나님의 임재와 능력으로 온몸이 떨려왔다. 랜디 클락 목사님이 말씀하셨다.

"여기 이 사람들이 바닥에 누워 하고 있는 일에 대해 염려하지 마십시오. 하나님께서 이들을 엄청난 임재 가운데로 이끌어가고 계십니다. 저는 회개한 사람들을 하나님께서 이런 식으로 만져 주셔서 주님을 위한 사역에 쓰임 받게 하시는 것을 자주 보아 왔습니다."

주변 환경을 인식할 수 없었다. 주님의 놀라운 방문을 받고 있었기 때문이다. 곧이어 열린 환상 가운데로 들어갔다. 나는 흙먼지 속에 뼈들이 누워 있는 것을 경이로운 눈으로 바라보고 있었다. 그 뼈들 위로 살이 오르기 시작했다. 아프리카 남성이었다. 그 남자는 내가 지켜보고 있는 중에 되살아났다! 바로 내 목전에서 죽음에서 부활한 것이었다. 그때 주님의 말씀이 또렷하게 들려왔다.

"너는 죽은 자를 되살리게 될 것이다."

그 환상에서 빠져나온 후에 몸을 일으켜 보려 했지만, 하나님의 능력이 너무나 강력했기 때문에 일어나기가 쉽지 않았다. 내가 일어서려고 할 때쯤 우리 목사님이 다가와 물으셨다.

"무슨 일이에요?"

"방금 한 남자가 죽음에서 부활하는 환상을 보았어요."

내가 그 말을 하자마자 하나님의 권능이 목사님을 강타해서 목사님의 몸이 뒤쪽으로 나뒹굴었다. 목사님은 "당신을 믿어요, 당신을 믿어요!" 하고 외치셨다. 그때 예배 인도자인 다비가 통역자와 함께 와서 아까 바닥에 누워 있던 여성과 나눌 말이 있다고 했다. 다비는 이렇게 설명했다.

"그 여성분이 바닥에 누워 있었을 때 제가 영적인 영역에서 본 것을 나눠야겠어요."

다비는 열두 천사가 나를 둘러싸고 서 있는 것을 보았다고 했다. 그 천사들 중 여섯은 나를 브라질 지도 위로 굴리고 있었다.

"저는 당신이 브라질의 시체 안치소로 걸어 들어가는 것을 봅니다. 당신은 죽은 자를 일으킬 것입니다."

다비가 그 말을 했을 때, 내 몸은 또 다시 통제할 수 없이 떨려오기 시작했다. 다비는 계속해서 이야기했다.

"하나님께서 당신에게 죽은 자를 일으킬 수 있는 능력을 주고 계십니다. 나머지 여섯 천사들은 당신의 어깨에 빛나는 외투를 입혀 주고 있었습니다. 각각의 외투들은 주님과 함께하는 더 높은 차원을 의미합니다. 당신은 주님 안에서 많은 놀라운 일들을 하게 될 것입니다. 당신도 영으로 보고 있습니다. 천사들을 보시나요?"

나는 답했다.

"네, 보고 있어요."

브라질 나탈에서 이토록 강력한 하나님과의 만남이 있었다. 이제는 마귀가 여권을 받지 못하도록 방해했던 이유가 무엇이었는지 이해가 된다. 하나님께서 브라질에서 나를 위해 거룩한 만남을 예비하신 것을 마귀도 알았던 것이다. 집으로 돌아오면서, 나는 내 자신이 결코 전과 같지 않으리라는 것을 확신할 수 있었다. 나는 하나님을 위해 불타오르고 있었다. 이제 그 무엇도 하나님께서 나를 위해 예비하신 것들을 향해 달려 나가는 나를 막을 수 없었다. 마귀가 어째서 존을 이용하여 우리에게 그런 일들을 했었는지도 이해가 되었다. 사탄은 당신이 운명적 부르심으로 나아가지 못하게 막을 수만 있다면 무엇이든 하려고 들 것이다. 원수는 심지어 당신 주변의 가장 가까운 사람들을 이용하여, 하나님께서 당신을 위해 예비하신 것 가운데로 나아가지 못하도록 방해하려고 할 것이다.

편지 속 수표

　버림받고 거절당하고 고통과 학대의 시간을 거치는 동안 주님의 선하심은 나에게 공급하시고 나의 모든 필요를 채워 주셨다. 그해 8월, 누군가 마이크 목사님에게 편지를 보냈다. 그 편지 속에는 내가 브라질에 다시 방문할 수 있도록 후원하는 수표 한 장이 동봉돼 있었다. 이번 방문은 랜디 클락 목사님과 글로벌 어웨이크닝 팀과 함께 하는 두 번째 여행이었다. 한 집회 도중에 릭 소드몬트라는 미국인 목사님이 일어나시더니 예배를 드리는 동안 하나님께서 목사님을 천국으로 이끄셔서 환상을 보여주셨다고 나누었다. 나는 "하나님, 저도 릭 목사님과 같은 경험을 하기 원해요"라고 기도했다. 주님께서는 이번 여행에서도 매우 놀라운 기적과 표적과 이사들을 행하셨다.

　그리고 같은 해 11월, 또 다른 수표 한 장을 우편으로 받아보게 되었다. 이 돈은 글로벌 어웨이크닝 팀과 함께 아프리카로 떠나는 선교 여행 등록비의 딱 절반에 해당하는 금액이었다. 하지만 출발하기 일주일 전까지도 여행 경비의 절반만 준비된 상태였다. 어쩔 수 없이 글로벌 어웨이크닝에 전화를 걸어 이번에는 갈 수 없을 것 같다고 전했다. 그러자 사역 팀에서는 이렇게 말했다.

　"우리는 당신이 이번 여행에 가야 할 부르심이 있다는 걸 알고 있어요. 계속해서 하나님을 믿으세요. 당신이 여행에서 돌아올 때쯤이면 남은 재정도 채워질 거예요."

그래서 나는 세 번째 여행까지 가게 되었다. 이번 선교 여행의 목적지는 가나였다.

사역 팀 리더였던 개리 오츠 목사님은 집회를 마친 후, 우리가 마을로 들어가 그곳 주민들과 아이들을 위해 기도해 주는 것이 좋겠다고 하셨다. 팀원들과 함께 마을을 통과해 지나가면서 작고 초라한 초가집들과 그곳에서 살아가는 사람들의 빈궁한 삶을 바라보며 큰 충격을 받았다. 형편은 어려웠지만 너무나 친절한 사람들이었다. 우리는 여러 마을사람들에게 기도해 주었고, 하나님께서는 엄청난 치유와 기적으로 그들을 만져 주셨다. 또 다른 집회에서 개리 오츠 목사님은 팀원한 사람과 나를 지목하여 아이들을 위해 기도해 주라고 하셨다. 그날 밤, 110명의 어린이들이 자신의 삶을 주님께 드리고 성령으로 충만해졌다. 어느 날 밤에는 집회 도중 원수가 전기를 모두 나가게 했지만, 우리가 함께 기도하자마자 하나님께서 곧바로 전기가 다시 들어오도록 해주셨다.

한번은 집회를 마치고 버스에 짐을 싣고 있었는데 사람들이 버스에 시동이 걸리지 않는다고 이야기하는 소리를 들었다. 나는 프랭크를 바라보며 말했다.

"이건 마술에 의한 거야. 가서 버스 운전사를 위해 기도하자."

개리 오츠 목사님께 그렇게 해도 되겠느냐고 묻자 허락해 주셨다. 운전사에게로 걸어가서 내 손을 그의 등 위에 얹었다. 그에게 시동장치에 차 열쇠를 꽂으라고 부탁했지만, 그는 한사코 "안 돼요, 안 돼, 안 돼. 시동이 안 걸릴 거예요" 하고 고집을 부렸다. 다시 한 번 그 운전사에게 열쇠를 시동장치에 꽂으라고 부탁했고, 마침내 그가 내 말에 따라주었다. 나는 예수 그리스도의 이름으로 버스가 움직일 것을 명령했다. 바로 그 순간, 버스에 시동이 걸렸고 모든 사람들이 박수를 쳤다. 승리의 순간이었다! 우리를 대적하여 보내진 마술의 힘을 파쇄한 것이다.

몇 시간 후 편의점 앞에서 잠시 차를 멈추었다. 친구들 몇 명이 "루앤, 여기 봐, 여기!" 하고 소리쳤다. 거기에도 시동이 걸리지 않는 차가 한 대 있었다. 남자 네 명이 엔진을 가동시켜 보려고 차를 밀고 있었다. '하나님께서 또 다시 하실 수 있을까?' 하는 의문이 들었다. 그러자 주님께서 나를 꾸짖으시며 말씀하셨다.

"왜 못하겠니?"

나는 순종하여 그 차 쪽으로 팔을 뻗었지만 고개는 다른 쪽으로 돌리고 있었다. 일의 결과가 어떠할지 차마 지켜볼 자신이 없었기 때문이다.

"예수 그리스도의 이름으로 차가 움직일 것을 명한다."

이렇게 말한 즉시 차가 정말로 움직이기 시작했다! 차를 밀고 있던 남자들이 서둘러 차에 뛰어올랐고 길 아래쪽을 향해 떠났다. 친구들이 외쳐댔다.

"봐봐! 차가 움직였어!"

하나님께서 또 다시 행하실 수 있다는 사실을 믿지 못한 것에 대해 하나님께 용서를 구했다. 하나님께서 우리에게 주신 능력은 참으로 놀라웠다.

그날 밤 설교를 마친 후에 기도 받기 원하는 사람들에게 사역하는 시간이 있었다. 한 여성이 내게 기도를 받으려고 줄을 섰다. 그녀의 친구 몇 명이 그녀 대신 상황을 설명해 주었다. 이 여성은 지난 삼 년간 말을 하지 못했다고 했다. 삼 년 전에 대체 무슨 일이 있었는지 묻자, 친구들은 이 여성이 아기를 낳기 위해 주술사이자 산파인 여자에게 찾아갔었다고 했다. 나는 그녀의 목에 손을 얹었다. 그리고 마술의 영으로 역사하는 귀신에게 그녀의 목소리를 놓아 주도록 예수 그리스도의 이름으로 명령했다. 그 즉시 그녀가 소리치기 시작했다. "예수님! 예수님! 예수님!" 그녀는 계속해서 "예수님"을 부르짖었다. 친구들은 이 기적을 보고 놀라워하며, 삼 년 만에 듣는 친구의 목소리로 인해 매우 기뻐했다. 나는 그녀에게 주술사에게 찾아가는 사람들에게는 저주가 임하게 된다는 사실을 알려주었다. 그 후에는 한쪽 귀가 들리지 않는 남성을 위해 기도해 주었는데, 하나님께서 그 남자의 청력 또한 회복시켜 주셨다. 주님께서 이토록 많은 치유와 기적들을 행하시는 것을 바라보며 놀라지 않을 수 없었다.

이번 여행 기간 동안 우리는 매일매일 닭고기와 밥만 먹었다. 식단이 바뀐다고 해봤자 밥에서 닭고기로 순서만 달라질 뿐이었다. 나는 밥을 별로 좋아하지 않는데 먹을 것이라곤 그것밖에 없으니 불평이 나오기 시작했다. 미국 음식이 너무 먹고 싶어져서 내가 땅콩크림 샌드위치를 얼마나 좋아하는지 떠들고 다녔다. 릭은 내가 일단 투덜거리는 것부터 멈추면 하나님께서 응답해 주실 것이라고 조언했다. 그의 말대로 불평했던 것을 회개하자마자 하나님께서 응답해 주셨다. 다음 집회를 앞두고 사역 팀들이 호텔로 돌아가고 있을 때였다. 가는 길에 프랭크는 릭과 대화를 나누면서 자신은 현지 음식이 입에 맞지 않아 해외 사역을 갈 때마다 매번 땅콩 크림을 챙겨 간다고 이야기했다. 그 말을 들은 나는 소리치고 말았다. "아, 땅콩크림! 나도 좀 줘." 프랭크는 자기 가방에 두 병이나 있다며 한 병은 내게 주겠다고 했다. 회개하고 나니 하나님께서는 이토록 빨리 응답해 주셨다.

가나 선교 여행은 강력했다. 돌아오는 길에 전화 한 통이 걸려왔다. 이번 여행의 나머지 경비가 전부 지불되었다는 소식이었다! 하나님께서 일 년 만에 세 번씩이나, 그것도 모든 비용을 지불해 가며 해외 선교 여행을 보내 주셨다는 사실이 좀처럼 믿겨지지 않았다.

가나에서 돌아온 지 얼마 지나지 않아 한 친구의 집을 청소하고 있을 때였다. 친구와 함께 이야기를 나누고 있는데 친구의 남편이 퇴근

해서 집에 돌아왔다. 친구의 남편은 국가 비영리기구에서 일하고 있었는데 내게 존 스미스를 아느냐고 물었다. "네, 그 사람은 제 남편인데요. 왜 그러시죠?" 하고 답하자 이 소식을 전해 주었다.

"그 사람이 오늘 우리 기구에 캐딜락 한 대를 기증했어요."

"아니, 그건 우리 차인데요."

한숨이 나왔다. 존이 자기 자신을 위해서 신형 SUV를 구입하면서, 내 지프차를 압류시키고 우리 공동 소유였던 캐딜락마저도 기증해 버렸다는 사실에 마음이 아파왔다.

몇 달이 지나 나는 중고 지프차를 구입할 수 있었다. 청소 일을 하면서 겨우겨우 3천 달러를 모았던 것이다. 여기에다 한 친구가 빌려준 2천 달러를 보탰다. 파산선고로 인해 신용 상태가 엉망이었기 때문에 차 값은 현금으로 지불해야만 했다. 십 개월 만에 가까스로 차 한 대를 갖게 되었다. 그 열 달 동안 차를 태워 준 모든 친구들로 인해 하나님께 감사드린다. 이제야 평범한 일상으로 돌아가는 느낌이었다.

집에서 쫓겨나다

마침내 퇴거 서류가 도착했고, 아들 매튜와 나는 집을 떠나야만 했다. 하나님께서는 기적을 베푸실 것이니 믿기만 하라고 말씀하셨다.

그래서 집에 압류가 들어왔을 때도 짐을 꾸리지 않고 기다렸다. 압류 처분을 받던 날, 하나님께서는 짐을 싸거나 이사할 준비를 하지 말라고 말씀하셨다. 나는 하나님께서 기적을 행하실 것을 믿었다. 론 목사님도 전화를 걸어 말씀하셨다.

"루앤, 하나님께서 당신에게도 말씀하셨다는 걸 믿어요. 나 역시 기적이 일어날 것에 동의합니다."

전화 한 통이 걸려왔다. 부동산 중개인이 집이 팔렸다는 소식을 전했다. 하나님께서 과연 어떻게 일하실지 지켜보고 있었다. 얼마 지나지 않아 새로운 집 주인이 찾아와 자신을 소개했다.

"제가 방금 이 집을 샀어요. 어째서 이 집이 압류에 들어갔는지는 모르겠지만 하나님께서 저를 보내셨다는 느낌이 드네요."

그녀는 자신이 그리스도인이라고 밝히고 이렇게 이야기했다.

"당신에 대한 이야기를 들었어요. 당신이 이 집에 머물도록 해드리고 싶네요."

그리고 우리는 한 달에 750달러의 월세를 지불하기로 합의했다.

하나님께서는 내가 그 집에서 계속 지낼 수 있도록 하시겠다고 말씀하셨고, 실제로 그렇게 해주셨다. 그러나 삼 개월이 지나자 새 주인이 월세를 2천 달러로 올려 받고 싶다며 퇴거 통지서를 보내왔다. 그래서 함께 법정에 서게 됐다. 사건의 심리를 맡은 판사님의 이름은 크라이스트(그리스도)였다. 나는 웃지 않을 수 없었다. 하나님께서 내 편이

시라는 것을 이런 식으로 말씀해 주고 계셨기 때문이다. 우리의 사건이 거론되자 판사님은 집 주인에게 이렇게 물었다.

"당신은 대체 어떤 집을 세 주고 있다고 생각하시는 거죠? 타지마할이라도 되나 보죠? 왜 이렇게 높은 액수를 요구하시는 겁니까?"

그래도 집 주인은 마음을 바꾸지 않았고, 내게는 이사를 갈 수 있도록 사흘간의 시간이 주어졌다. 나는 생각했다. '하나님, 이 상황이 이해되지 않아요. 저는 하나님을 신뢰하고 있는 걸요.' 짐을 싸기 시작했지만 어디로 가야 할지 막막했다. 파산과 압류로 인해 어디서도 나를 받아주지 않을 것이다. 그럼에도 나는 계속해서 하나님께서 나를 위해 역사하실 것을 믿고 있었다. 하지만 하나님께서 지금 나를 회복의 길로 옮겨 가고 계신다는 사실은 꿈도 꾸지 못했다.

냉장고와 가스레인지는 시온산 미니스트리에서 운영하는 푸드 뱅크에 기증했다. 그곳에서는 가난한 이들과 기타 여러 원조 단체들에게 음식을 제공하고 있었다. 내가 믿음으로 냉장고 위에 붙여두었던 BMW 사진을 떼어내고 있을 때, 아들 마이클이 한 마디 했다. "그래요. 엄마는 하나님께 그 망할 놈의 BMW를 구하시더니 이제 이 망할 놈의 집마저 잃으셨네요." 나는 그 사진을 가만히 가져다가 내 성경책 마태복음 19장 26절이 있는 곳에 끼워 넣었다.

사람으로는 할 수 없으나 하나님으로서는 다 하실 수 있느니라 그 이후로 오 년간 그 사진을 성경책 안에 간직했다. 사람들이 그 사진을 보고 물을 때마다 나는 계속해서 나의 이야기와 믿음을 나누었다.

2004년 9월 19일 주일 아침은 우리가 그 집에서 보낸 마지막 아침이었다. 그 날은 무척이나 힘들었다. 하나님께서는 언제나 그분의 방식을 따라 그 선하심을 드러내 보이신다. 내가 뉴욕에서 집을 잃었던 바로 그날로부터 오 년 후 같은 날, 하나님께서는 델라웨어에서 새 집을 주셨다. 데일과 나는 결혼한 후에 함께 해변에 있는 새 집으로 이사를 했다. 우리는 "모든 것이 새롭게" 되기를 원했기 때문에(계 21:5) 2009년 9월 19일에 새 집으로 이사했던 것이다. 새 집으로 들어간 첫날 밤, 오년 전 같은 날에 집을 떠났다는 사실이 불현듯 깨달아졌다.

집을 떠나야 했던 그날의 상황으로 돌아가 보자. 당시 우리는 밤에 잠잘 곳조차 없었다. 모든 짐을 창고에 쑤셔 넣고 아들 매튜와 함께 교회로 갔다. 매튜가 말했다.

"엄마, 이제 우리가 떠나온 곳을 돌아보지 마세요. 하나님께서 우리를 통해 앞으로 행하실 일만 바라봐요."

이렇게 큰 믿음을 가진 놀라운 아들을 주신 주님께 감사를 드렸다. 교회로 가는 길에 감정에 압도된 나머지 운전에 집중하기가 어려웠다. 줄곧 이 생각뿐이었다. '오늘 밤은 어디서 자야 하지?'

교회에 도착했을 때 예배가 막 시작되고 있었다. 매튜는 교회 앞쪽으로 걸어 들어가고 나는 중보 기도실로 향했다. 나는 아들이 제단 앞에 서서 양손을 들어 올려 주님을 예배하는 것을 바라보았다. 눈물이 흘러내렸다. 그날 밤 어디서 자야 할지조차 모르는 상황에서 아들은 변함없이 하나님을 예배하고 있었다. 중보기도실로 들어가 기도하기 시작했다. 기도하고 있을 때 마이크 목사님이 말씀하셨다.

"여기 누군가는 하나님께 영광을 돌려야만 합니다."

나는 한 걸음 앞으로 나아가 주님께 내 손을 들어 올리고 이렇게 선포했다.

"그들이 나를 죽이려 할지라도 나는 당신을 찬양할 것입니다."

그 순간 한 친구가 내 쪽으로 걸어오더니 말을 걸어 왔다.

"루앤, 혹시 머물 곳이 필요하지 않니? 우리가 최근에 집을 한 채 구입했는데 앞으로 삼십 일간은 그 집으로 들어가지 않을 거야. 너와 매튜가 거기서 지낸다면 우리로선 환영이야."

우리가 하나님을 신뢰하기만 하면 하나님은 우리의 모든 필요를 만족시켜 주신다. 중보기도를 마친 후에 교회 앞쪽에 있는 매튜에게 갔다. 매튜는 여전히 예배하고 있었다.

"매튜, 캐시와 마크가 방금 우리에게 자기들 집에서 삼십 일간 살 수 있도록 해주었어. 하나님께서 또 다시 공급해 주셨구나."

매튜는 나를 바라보며 확신 있게 말했다.

"엄마, 저는 하나님께서 일하실 줄 알고 있었어요. 하나님은 언제나 우리의 모든 필요를 채워 주세요. 그분은 그렇게 신실하신 분이세요."

그 해가 끝나갈 무렵, 나는 운전을 하면서 '케이 러브'(인기 있는 기독교 라디오 방송) 채널을 듣고 있었다. 노숙인 여성의 인터뷰 내용이었다. 그녀는 집을 얻을 수 있도록 기도해 달라고 방송에 전화를 걸었다. 노숙 여성은 이렇게 물었다.

"저처럼 오늘 밤 어디서 자야 할지 모르는 분이 어딘가 또 계시겠지요?"

그녀의 절절한 기도에 나 역시 눈물이 흘러내렸다. 내게도 그런 밤이 있었기 때문이다. 주님께서 말씀하셨다.

"네가 집 없는 사람들에게 믿음으로 사역할 수 있도록 그들의 마음을 느낄 수 있도록 알게 했단다."

캐시와 마크의 집에서 지낸 시간은 매우 놀라웠다. 안전한 처소에서 우리를 향한 하나님의 사랑을 볼 수 있었다. 하나님께서 이다음에 우리를 어떻게 인도해 가실지 설레면서도 궁금했다. 그곳에서 지내던 한 달 동안 계속해서 머물 곳을 찾아보았지만 파산으로 인해 신용 등급이 엉망이 되었던 터라 쉽지 않았다. 약속했던 삼십 일도 어느덧 끝나 가고 있었고 이제 이사를 가야만 했다.

그 집에서 떠나기 바로 얼마 전, 한 회사에서 청소 일을 해달라는 전화를 받았다. 마침 이 회사는 뉴욕 클린턴에 아파트 단지를 운영하고 있었는데 공교롭게도 우리가 살던 곳에서 불과 5마일 떨어진 곳이었다. 사무실에 찾아가서 내 사정을 이야기했다. 회사에서는 나를 청소부로 고용해 주었을 뿐 아니라 새롭게 문을 연 아파트 한 채를 임대할 수 있도록 해주었다. 드디어 나만의 집을 갖게 된다는 사실에 무척이나 신이 났다. 얼마 지나지 않아 새 가구를 살 만큼의 돈도 모아졌다. 내 인생 가운데 역사하시는 하나님을 바라보는 것은 경이로움 그 자체였다. 순종과 믿음이 내 삶에 초자연적인 역사를 풀어놓는 두 가지 중요한 열쇠가 되었다. 나는 그 아파트에서 이년 이상 머물렀다.

내 집을 갖는다는 것은 멋진 일이다. 그러한 기쁨 속에서도 원수는 나를 뒤흔들려 했다. 새 아파트로 이사한 바로 그 주에 그 지역 천주교 교구에서 편지 한 통이 날아왔다. 편지를 열어보고 충격에 휩싸였다. 교구에서 우리의 이십삼 년간의 결혼을 무효화 하겠다고 알려온 것이다. 따귀를 한 대 맞은 기분이었다. 남편이 나를 떠나 다른 여자와 살고 있는데 그들이 어떻게 그동안의 내 결혼 생활을 무효화 할 수 있단 말인가? 편지를 탁자 밑으로 던져 버렸다. 존이 우리에게 대체 무슨 짓까지 할 셈인지 알 수 없었다. 부엌에 함께 있던 매튜가 물었다.

"엄마, 왜 그러세요?"

매튜에게 그 무효 선언문에 대해 얘기해 주었다. 매튜도 그 편지를 집어 들고 읽어 보더니 역시나 탁자 밑으로 내던지며 이렇게 말하는 것이었다.

"이 말대로 라면 전 사생아가 되는 거네요."

아이는 깊은 상처를 받았고, 아이의 생각에 나 역시 놀라고 안타까웠다.

제 6 장

사과나무 아래서

주님께 그 어린 소녀가 누구인지 여쭈어보았다. 주님께서는 그 소녀가 바로 나이며, 소녀의 옷이 젖게 된 것은 다른 사람들에 의해 더럽혀졌기 때문이라고 말씀하셨다. 그 사람들은 소녀에게 두려움과 수치심, 죄책감과 정죄감을 일으켰다. 내 안의 그 어린 소녀는 아직도 숨어 있었다.

Under The Apple Tree

토론토 공항 교회 집회에 참석했던 때의 일이다. 사역 시간에 전혀 예상치 못한 예언의 말씀을 받게 되었다.

"당신이 어린 소녀였을 때 무슨 일인가 있었습니다. 무언가 폭력적인 일이었지요. 주님께서 당신에게 이렇게 말씀하시네요. 사과나무 아래서 당신이 울고 있었을 때 주님도 그 자리에 함께 계셨다고 말입니다. 주님께서 당신에게 옷처럼 입혀져 있던 모든 두려움과 스트레스와 상처들을 벗겨내고 계십니다."

집회가 끝나고 집으로 돌아와서 꿈을 하나 꾸었다. 꿈속에서 나는 우리 아파트 부엌에 서 있었다. 구석 쪽에서 검은 머리를 한 어린 소녀가 나타났다. 소녀는 두 눈에 눈물을 뚝뚝 흘리며 나를 바라다보았다. 소녀의 옷은 젖어 있었다. 그녀의 풀죽은 얼굴에 서려 있는 수치심이 느껴졌다. 소녀에게 혹시 침대에 오줌을 싸서 그런 거냐고 물었지만, 대답하기를 두려워하는 듯했다. 소녀는 나를 지나쳐서 부엌 싱크대 밑의 커다란 서랍장 쪽으로 달려가더니 안쪽으로 기어들어가서 문을 닫고 숨었다.

잠에서 깨어나 주님께 그 어린 소녀가 누구인지 여쭈어보았다. 주님께서는 그 소녀가 바로 나이며, 소녀의 옷이 젖게 된 것은 다른 사람들에 의해 더럽혀졌기 때문이라고 말씀하셨다. 그 사람들은 소녀에게 두려움과 수치심, 죄책감과 정죄감을 일으켰다. 내 안의 그 어린 소녀는 아직도 숨어 있었다.

그날 아침, 주님께서 토론토에서 하신 말씀과 이번에 주신 꿈을 생각하며 일터로 향했다. 그 일에 관해 생각하면 할수록 더 깊은 고통이 느껴졌다. 주님께서는 내가 매우 불편해 하는 그 자리로 나를 이끌어가고 계셨다. 그 문제에 대해서 생각하지 않으려고 애써 보았지만, 주님께서는 계속해서 그 문제에 관해 말씀하셨다. 일을 마치고 집으로 돌아와서 우편함을 열어 보았더니 오랫동안 소식을 주고받지 못한 지인으로부터 소포가 하나 와 있었다. 편지 한 장과 액자에 담긴 사진 한 장이 있었는데, 어린 시절 내가 성폭행을 당했던 바로 그날 언니 오빠들과 함께 찍은 사진이었다. 내 속 깊은 곳에서부터 분노가 끓어올라 그 액자를 벽에다 내던져 버렸다. 액자 유리가 산산조각 났다. 하나님께 마구 소리를 질렀다. "이 문제와 직면하고 싶지 않아요. 너무 고통스럽단 말이에요!" 주님께서는 내가 겪었던 일이 무엇인지도, 그 일이 나에게 얼마나 큰 상처가 되었는지도 알고 계셨다. 그러나 그분은 내가 온전해지기를 원하셨다.

아홉 살 때의 일이었다. 친구 하나가 내게 사탕을 좀 주겠다며 자기와 함께 숲 속으로 산책을 가자고 했다. 그렇게 그 남자아이를 따라나서 제법 긴 시간을 걸었다. 그런데 그 아이가 갑자기 내 옷을 찢더니 사과나무 아래서 나를 강간했다. 그리고 나를 거기 혼자 남겨둔 채로 도망쳐 버렸다. 나는 완전히 제정신이 아니었다. 방금 당한 일 때문에도 그랬지만 거기서 집으로 돌아가는 길이 어딘지조차 알 수 없었기 때문이다. 옷을 겨우 챙겨 입고 무작정 집 방향으로 달려갔다. 마침내 집에 도착하자 눈물이 비 오듯 흘러내렸다. 그렇게 소리 없이 한참을 흐느꼈다. 그 남자아이의 거짓말을 믿었던 내 자신이 증오스러웠다. 또한 그 성폭행으로 인해 내게 덧씌워진 수치심 때문에 내 자신이 참을 수 없이 미웠다.

내가 너무나 더럽게 느껴졌다. 휘청거리며 집으로 돌아와서 뜨거운 물에 몸을 담그고 몇 번이고 씻어내고 또 씻어냈지만 도저히 깨끗해질 수 없었다. 그 수치심은 좀처럼 씻겨 나가지 않았다. 이토록 끔찍한 비밀을 간직한 채 성장한다는 것은 옷장 안에 갇혀 숨조차 제대로 쉬지 못하는 것과 같았다. 내가 어디로 가든지 수치심이 나를 뒤덮었다. 그 수치심은 언제나 나와 함께였다.

그 아이가 내게 거짓말하고, 나를 성폭행하고, 버리고 떠났다. 그 일은 다른 사람을 향한 나의 신뢰를 파괴해 버렸고, 사람들에게 가까이 다가가지 못하게 하는 결과를 낳았다. 사람들은 항상 내게 상처만 줄 거라고 믿게 되었으며 그러한 믿음이 내 인생에 견고한 진이 되어 버렸다. 이렇게 내 어린 시절에 심겨진 '쓴 뿌리'로 인해, 나는 나와 가까워지는 사람은 누구라도 나를 성폭행할지도 모른다고 믿게 되었다. 일단 이런 식으로 생각하게 되기 시작하면, 우리 인생에는 더 극심한 고통과 학대의 문이 열리게 된다. 이러한 생각은 내 안에 기쁨을 빼앗아 가고 분노를 풀어 놓았다.

당신이 사랑 안에 뿌리가 박히고 터가 굳어지지 않는다면, 당신이 사랑받고 있으며 사랑받을 수 있는 존재임을 믿기란 불가능하다. 나는 수치심과 성폭행의 고통에 뿌리를 내렸다. 그 때문에 그리스도께서 내 마음속에 찾아오시기 전까지는 누군가를 사랑하는 일이 무척이나 어려웠다. 너무나 많은 사람들이 내 마음을 짓밟고 갔고, 그럴 때마다 내 마음은 더욱 굳어져 버렸다. 나는 그런 경험들 속에 갇혀 버린 죄수였다. 그러나 그리스도께서는 그 감옥 문을 여는 열쇠가 되셨다. 하루하루가 사랑 안에서 자라나는 과정이었다. 학대당한 경험이 있는 사람들은 사랑보다는 고통이 오히려 더 정상적인 감정이라고 생각한다. 그들에게 사랑이란 환상에 불과한 것이다.

이러므로 내가 하늘과 땅에 있는 각 족속에게 이름을 주신 아버지 앞

에 무릎을 꿇고 비노니 그의 영광의 풍성함을 따라 그의 성령으로 말

미암아 너희 속사람을 능력으로 강건하게 하시오며 믿음으로 말미암

아 그리스도께서 너희 마음에 계시게 하시옵고 너희가 사랑 가운데

서 뿌리가 박히고 터가 굳어져서 능히 모든 성도와 함께 지식에 넘치

는 그리스도의 사랑을 알고 그 너비와 길이와 높이와 깊이가 어떠함

을 깨달아 하나님의 모든 충만하신 것으로 너희에게 충만하게 하시

기를 구하노라(엡 3:14-19)

사과꽃 거리

이 책의 원고 작성을 끝마쳤을 때, 남편 데일이 사과나무에 관한 이야기를 집어넣는 게 어떻겠냐고 재차 권유했다. 하지만 나는 이 책은 내 책이며, 나는 그 이야기를 넣고 싶지 않다고 말했다. 그 이야기를 할 때면 내 눈에는 눈물이 흘러내렸다. 그날 밤 잠자리에 들었을 때, 데일은 나에 대하여 '산산조각 난 쓴 뿌리'라는 예언적 말씀이 계속해서 들려온다고 말했다. 다음날 아침, 데일은 다시 한 번 이 책에 사과나무 이야기를 집어넣으라고 격려해 주었다. 데일은 그 이야기가 이 책의 매우 중요한 구성요소가 될 것이며, 많은 사람들에게 치유의

열쇠가 될 것이라고 했다. 결국은 데일의 말에 동의했고, 데일은 내가 불러주는 이야기를 타이핑하기 시작했다. 그리고 데일이 "액자 유리가 산산조각 났다"는 문장을 타이핑하고 있었을 때, 나에게 계시가 임했다. 내 인생 가운데 있던 견고한 진이 산산조각 난 것이었다! 그와 거의 동시에 엄청난 크기의 천둥소리가 들려왔다. 마치 집 안에서 천둥이 친 것만 같았다. 나는 깜짝 놀라 "예수님!" 하고 비명을 지르며 부엌 의자에서 데일의 무릎 위로 껑충 뛰어올라 안겼다. 그 천둥소리를 통해 하나님께서 데일의 생각을 확증시켜 주시는 것 같았다. 데일은 이런 말씀을 받았다고 했다.

사탄이 하늘로부터 번개같이 떨어지는 것을 내가 보았노라(눅 10:18)

나 역시 내 안의 견고한 진이 무너져 내렸음을 알 수 있었다.

사과나무 이야기까지 삽입하여 집필을 모두 마친 뒤, 원고를 출판사 웹사이트에 올리려 하는데 어쩐 일인지 잘되지 않았다. 그래도 우리는 텍사스에 사는 데일의 두 아들을 만나러 갔다. 아들 앤드류라면 이 문제를 해결해 줄 수 있을 것이라 생각했다. 예상대로 앤드류가 우리를 도와주었고, 앤드류가 일하러 간 동안 데일과 나는 원고를 끝마친 것을 축하하기 위해 '크래커 배럴'이라는 식당에 갔다.

식사하던 도중에도 사과나무 이야기에 관하여 아직 완전한 평안을 느끼지는 못했다. 데일은 계속해서 그 이야기가 책의 중요한 요소라고 말해 주었다. 식당을 나서면서 식당 안에 있는 선물가게를 슬쩍 지나치게 되었다. 마침 내가 지나가는 길목에 글귀가 적힌 커다란 접시 하나가 진열돼 있었다. 그 내용은 이러했다.

진실한 마음으로

당신을 기다리고 있을 거예요

그 옛날 사과나무 그 그늘 아래서

발걸음이 멈춰졌다. 하나님께서 내게 말씀하고 계신 것이 분명했다. 데일의 팔을 붙들고 말했다.

"누가 왜 이런 글을 썼을까요?"

눈물이 흘러내렸다. 하나님께서는 나를 그때 그 장소로 다시 데려가서 치유하기를 원하셨다. 하나님은 나를 기다리고 계셨던 것이다.

그날 밤 자려고 누웠을 때 하나님께서 내게 물으셨다.

"네 주소가 어떻게 되니?"

어리둥절해 하며 말씀드렸다.

"사과꽃 거리 299번지요."

하나님께서 말씀하셨다.

"내가 네게 이 집을 주었단다. 그리고 네가 아홉 살 때 원수가 네게 행했던 그 일을 완전히 부서뜨리고 네게 갑절의 축복을 줄 것이란다. 이제는 네가 꽃 피울 때란다."

하나님께서는 내 삶의 일부가 여전히 그 사과나무 그늘 아래서 고통 받아 왔다는 것을 알고 계셨다. 주님께서는 우리의 미래가 과거에 지배당하는 것을 원치 않으신다. 그러기 위해서는 원수의 정체를 드러내고 수치심이라는 거짓을 파쇄하는 것이 매우 중요하다. 우리 하나님께서는 너무나 멋진 분이시다!

혀를 내밀던 어린 소녀

유년 시절의 상처가 나를 온통 지배하고 있었다. 엄마와 함께 길을 걷노라면 사람들이 늘 하는 말이 있었다.

"어머, 따님이 정말 예쁘네요."

이런 칭찬을 듣고도 사람들이 지나쳐가면 고개를 돌려 그들을 향해 혀를 쏙 내밀었다. 자기혐오가 내 삶을 조종하고 있었던 것이다. 1977년에는 펜실베이니아 주에서 해마다 열리는 단풍 축제에 우리 학교 대표로 선발된 적이 있었다. 나는 축제에 참여하기를 지독히 싫어했고, 사람들이 나를 여왕으로 선출하리라고는 상상도 못했다. 그러나 대회 결과 내가 2위로 뽑히게 되었다. 하지만 나는 그 일을 전혀 기뻐하지 않았다. 여전히 수치심에 뒤덮여 있었기 때문이다.

　성적 학대가 일어날 때 어느 정도 정신이상의 영도 동반되기 마련이다. 성적 학대는 보통 신뢰하던 관계 사이에서 벌어진다. 성적 학대를 당한 사람에게는 자기와 가까운 관계에 있던 이들이 자신에게 그토록 상처를 주었다는 사실이 좀처럼 이해되지 않는다. 학대 관계 또는 애정결핍의 결과로 완고함과 반항심이 싹트게 된다. 비록 학대당한 사람이 정신적 충격을 치유 받는 과정 중에 있더라도 그때의 일을 언급하는 것은 여전히 고통스러운 일이다. 마치 박힌 가시를 뽑아내는 것처럼 말이다. 그러나 가시를 뽑아낼 때는 몹시 괴로울지라도 일단 빼내고 나면 한결 편안해진다. 가시를 빼내지 않고 그대로 남겨두는 것은 더 극심한 감염을 일으킬 뿐이다.

> 그러므로 우리가 이 직분을 받아 긍휼하심을 입은 대로 낙심하지 아니하고 이에 숨은 부끄러움(수치)의 일을 버리고(고후 4:1-2)

　수치심은 원수가 우리 삶을 파괴하기 위해 사용하는 무기이다. 우리는 숨은 부끄러움(수치)의 일이 우리 마음속에 뿌리 내리지 못하도록 끊어내야 한다. 수치심은 우리로 하여금 이런 생각들을 하게 만든다. '내가 나쁜 사람이라 나쁜 일들이 내게 일어난 거야. 내가 살면서 나쁜 일을 저지른 데 대한 벌을 받는 거야.' 수치심은 감정의 일부이지만 동시에 제거해야 할 속임의 영이기도 하다. 아담과 이브는 죄를 짓기 전에는 수치심을 느끼지 않았다. 그러나 일단 죄를 짓게 되자 그들의 생각 안에 수치심이 파고들었다. 죄에는 언제나 수치심이 동반된다. 학대는 타인에게 저지르는 죄로서, 학대를 저지른 사람뿐 아니라 학대당한 희생자에게도 수치심이 남게 된다. 학대를 저지르는 사람과 학대 받는 사람들에게서 흔히 나타나는 중독적인 성향은 그러한 수치심으로부터 잠시나마 벗어나 보려는 시도인 것이다.

> 성경에 이르되 누구든지 그를 믿는 자는 부끄러움(수치)을 당하지 아니하리라 하니(롬 10:11)

우리를 향한 주님의 사랑과 우리에 대하여 주님께서 말씀하신 바를 온전히 믿게 될 때, 수치심은 우리를 파괴할 수 없다. 학대를 당하게 되면 우리를 학대한 사람들의 말과 행동을 통해 암시된 것들이 곧 우리 자신의 모습이라고 믿게 된다. 많은 그리스도인들이 하나님께서 그들을 사랑하신다는 진리를 받아들이기 어려워한다. 이것은 믿음이 없어서라기보다는 내면에 자리 잡은 수치심이 자신은 좀처럼 사랑받을 만한 존재가 아니라고 속삭이기 때문이다. 그들은 자신에게 어떠한 일이 일어났는지 또는 자신이 무슨 일을 저질렀는지를 사람들이 알게 되면 아무도 자기를 사랑해 주지 않을 것이라 생각한다. 그러나 이러한 생각은 원수가 하는 거짓말이다.

> 믿음의 주요 또 온전하게 하시는 이인 예수를 바라보자 그는 그 앞에
> 있는 기쁨을 위하여 십자가를 참으사 부끄러움(수치)을 개의치 아니
> 하시더니 하나님 보좌 우편에 앉으셨느니라(히 12:2)

우리가 바로 예수님 앞에 있는 기쁨이었다. 예수님은 우리를 위해 십자가를 참으시고 수치를 개의치 않으셨다. 우리의 죄뿐 아니라 수치도 대신 지신 것이다. 수치심은 우리가 행한 일 또는 타인이 우리에게 행한 일로 인해 발생된다. 하나님께서는 우리를 벌하시기 위해 학대를 도구로 삼으시지 않는다. 하나님께서는 우리의 죄뿐만 아니라 우리의 수치도 십자가 위로 가져가셨다.

> 두려워하지 말라 네가 수치를 당하지 아니하리라 놀라지 말라 네가
> 부끄러움을 보지 아니하리라 네가 네 젊었을 때의 수치를 잊겠고 과
> 부 때의 치욕을 다시 기억함이 없으리니(사 54:4)

또 한 번의 사탕, 거짓말, 버려짐

이 책을 쓰다가 문득 존이 나를 버리고 떠난 시점과 어린 시절 성폭행을 당했던 시점이 한 해의 동일한 시기에 일어났었다는 사실을 깨달았다. 이제는 이 두 사건의 본질과 시기 사이의 연관관계가 이해가 된다. 원수가 사과나무 아래서 내게 저질렀던 일과 이혼 과정에서 이용한 도구들이 정확히 일치한다는 것을 깨닫고는 매우 놀랐다. 사탕, 거짓말, 버려짐은 이 두 사건의 공통된 부분이다(성폭행을 저지른 친구 역시 사탕을 주겠다고 거짓말한 뒤 버리고 도망쳤고, 전남편 역시 사탕을 사러간다고 거짓말한 뒤 나중에는 버리고 떠났다). 원수는 우리를 파멸시키기 위해 전략적으로 일한다. 이 두 사건이 일어났던 것과 연중 같은 시기에 데일은 내게 약혼반지를 주었다. 하나님께서는 원수가 우리 인생에 구축해 놓은 순환 고리 가운데로 들어오셔서, 우리에게 축복을 부어주심으로써 그 고리를 파쇄하시고 우리가 계속해서 앞으로 나아갈 수 있도록 도우신다. 하나님은 정말로 놀라운 분이시다!

이 이야기는 나에게도 가장 쓰기 어려웠던 부분이다. 누구에게든지 생각조차 하기 싫은 문제가 있기 마련이다. 대부분 그 문제를 직면하여 처리하는 것은 정말 힘든 일이다. 주님께서는 일주일이라는 시간 안에 예언의 말씀과 꿈, 사진까지 주셨다. 데일이 없었더라면 이 이야기를 책 안에 담지 않았을 것이다. 데일은 이 사건 안에 내가 일생 동안 싸워 왔던 문제들의 모든 중요한 요소들이 포함되어 있다고 얘기해 주었다. 나는 사과나무 아래서 속임을 당했고, 학대당했으며, 그 후에는 버려졌다. 내가 지금 어디에 있는지, 또 어떻게 해야 집으로 갈 수 있는지 알지 못했다. 그 때문에 나는 항상 낯선 곳에 혼자 남겨지는 것을 두려워했다.

관계를 내려놓다

하나님께서 이 사건에 대하여 다루시던 기간 동안 나는 '시온의 딸들'이라 이름 붙인 사역을 시작했고, 이를 통해 학대와 이혼을 겪은 다수의 여성들에게 사역했다. 주님께서는 나를 사용하셔서 상처받은 수많은 여성들을 구원하시고 치유하셨다. 내 인생이야말로 학대를 극복해 낸 살아 있는 증거였다. 이 사역을 통해 여러 결혼 생활이 회복되는 것을 목격하면서 놀라지 않을 수 없었다. 심지어 나의 결혼이 무너졌기 때문에 상한 감정이 치유 받는 사례들도 있었다. 그 중 한 여성은 정신병원 생활과 동성애자의 삶을 벗어나게 되었고, 자신이 구원 받은 이야기를 책으로 써내기도 했다. 나는 또한 순결한 삶의 중요성을 그들에게 가르쳤다.

동일한 시기에 캐나다에서 있었던 어떤 집회에서 한 남성을 만나게 되었다. 우리는 이내 좋은 친구가 되었고, 서로의 사역적인 은사들이 조화롭게 흘러갔다. 캐나다에서 열린 몇몇 집회에서는 사역을 함께하기도 했다. 그러면서 그 남성을 점점 더 좋아하게 되었고 그와 교제하기 시작했다. 어떤 사람들은 예언하기를 이 남자가 바로 내가 결혼해야 할 사람이라고 했다. 그와 나는 우리 관계를 좀 더 진지하게 생각해 보기로 했고, 나는 사흘간 함께 금식할 것을 제안했다. 이 사흘 동안은 서로에게 영향 받지 않기 위해 아무런 대화도 나누지 않기로 했다. 선지자들에게 들었던 말들이 있긴 했지만, 정말로 이 사람이 나의 남편이 되어야 할지에 대해 분명히 알고 싶었다. 사실 이 사람과 처음 데이트를 시작했을 때 그가 나의 남편은 아니라고 내 영에 감지되었지만, 나는 그것을 받아들이고 싶지 않았다. 혼자 지내는 것에 지쳐 있었기 때문이다.

하나님의 응답을 구하며 바닥에 엎드려 울부짖고 있는데 전화벨이 울렸다. 선지자인 가까운 친구였다. 그에게 내가 금식하고 있는 이유를 나누었다. 친구는 나와 함께 잠시 기도해 보더니 이 남자가 나의 남편이 될 것이라는 느낌이 든다고 말해 주었다. 통화를 마치고 수화기를 내려놓았을 때 무언가 사리에 맞지 않는다는 게 내 영에 깨달아졌다. 친구와 통화하기 전에 나는 이미 답을 알고 있었던 것이다. 나의 영으로부터 이미 응답이 왔지만 듣고 싶지 않았다. 또 다시 혼자이고 싶지 않았기 때문이다. 그러나 나는 하나님의 뜻이 아니라면 그 어떤 일도 해서는 안 된다는 것 역시 잘 알고 있었다. 주님께서는 에스겔서 14장 4절의 말씀으로 응답해 주셨다. 그 구절을 읽으면서 나는 그만 울고 말았다. 그 말씀의 본질은 이러했다. 만약 네가 마음속에 우상을 둔 채로 선지자에게 찾아가면, 자기가 듣고 싶은 얘기만 듣게 되리라는 것이었다. 나는 마음속에 우상을 두었던 것과 하나님보다도 앞서 가려 했던 것을 회개했다. 또한 관계를 통해 발전된 감정적인 혼의 묶임(soul tie)과 영적인 연결을 파쇄했다. 이러한 것들은 우리를 한 사람에게 묶여 있게 만들어서 우리의 인생이 더 이상 전진하지 못하도록 가로막는다.

수화기를 들고 그 남자에게 전화를 걸었다. 금식 이틀 만에 전화를 하니 그도 깜짝 놀란 듯했다. 하지만 그와 헤어져야 한다는 사실이 분명했고, 지금 헤어지지 않는다면 앞으로는 정말 헤어지기 어려울 것 같았다. 그에게 이야기했다.

"하나님께서 당신이 나의 배우자가 아니라고 말씀하셨어요. 이제 더 이상 제게 연락하지 말아 주세요. 관계가 더 진전되기 전에 그만두어야 할 것 같아요."

하나님께 화가 났다. 기다림에 지쳐 버렸기 때문이다. 나중에는 그렇게 하나님께 화를 냈던 것을 회개했지만, 그것보다 더 어려웠던 일은 교회에 갔을 때 여러 사람들이 자꾸 갑작스레 그와 헤어진 이유를 묻는 것이었다. 나는 단지 하나님께 순종해야만 했다고 답할 뿐이었다.

내 안에서 수없이 많은 감정들의 싸움이 일어났다. 친구 캐시와 마크는 결국 나를 레이프 헤틀랜드 목사님께 데려가기로 결정했다. 레이프 헤틀랜드 목사님은 예언적 치유 전도자로, 뉴욕 윈덤에 방문하셨다. 레이프 목사님이 집회 도중 군중들 속에서 나를 일으켜 세우시고 예언해 주셨다.

"더 이상 패배는 없습니다. 이제 승리의 시간입니다. 더 깊은 곳으로 나아가게 되실 겁니다. 당신은 요셉과 같습니다. 요셉의 가족은 그를 구덩이로 몰아넣었습니다. 당신은 그 구덩이에서 빠져나와 당신의 운명적 부르심 가운데로 나아가게 될 것입니다. 하나님께서 당신을 테스트하고 계셨습니다. 모든 영역에서 테스트하고 계시는 중입니다. 당신이 예언적인 것들을 시험해 보도록 가르치고 계십니다. 당신에게는 운명적 부르심이 있습니다. 그래서 그토록 힘겨운 시간들을 지나온 것입니다. 부르심이 당신에게로 나아오도록 풀어놓습니다."

2005년 8월 12일의 일이었다.

"뉴욕에서 뭐 하고 계신 거죠?"

몇 달 후, 한 친구가 펜실베이니아 주 웨스트 체스터에서 열리는 레이프 헤틀랜드 목사님의 집회에 함께 가자고 했다. 나는 그 집회가 열리는 교회가 정확히 어디에 있는지 잘 몰랐다. 하지만 전에 토론토에서 열린 한 집회에서 만난 적이 있는 토니 목사님 역시 이 집회에 참석한다고 하셨고, 마침 그분은 집회 장소와 가까운 델라웨어 윌밍턴에 계셨다. 토니 목사님께 전화를 걸어 집회 장소가 어디인지 여쭈어 보았다. 목사님은 웨스트 체스터에 방문할 예정이라면 자기네 교회에도 들러달라고 말씀하셨다. '축복의 처소'라는 이름의 교회였는데 집회가 열리는 도시에서 조금만 운전해서 가면 되는 곳이었다.

그렇게 '축복의 처소'에 방문하게 되었다. 그곳에서 예배드리는 도중 한 선지자가 나를 지명하여 다음과 같이 예언했다.

"당신의 남편이 델라웨어에 있습니다. 그리고 하나님께서 당신의 큰 아들을 만져 주실 것입니다."

예배를 마치고 펜실베이니아로 가서 레이프 헤틀랜드 목사님 집회에 참석했다. 집회 장소로 들어가자마자 목사님께서 이렇게 말씀하셨다.

"루앤, 뉴욕에서 뭐 하고 계신 거죠? 거긴 당신의 자리가 아니에요. 하나님께서는 당신을 왕의 딸로 만드시기 위해 황무지로 데려가셨어요. 하지만 당신은 이제 두 배로 회복되어 돌아올 것입니다."

이 책을 쓰기 전까지는 이 두 가지의 말씀이 어떻게 연결되는지를 이해하지 못했다. 나는 그저 '내가 다시 펜실베이니아로 돌아가야 되는

구나.' 생각했을 뿐이다. 어쨌든 이 말씀이 하나님께로부터 온 예언의 말씀임을 알고 있었기에 조금은 두려워졌다.

앞으로 행군하라

나는 팔년 동안 시온산 미니스트리에 출석했다. 이 교회는 나를 진정으로 자유롭게 해준 곳이자, 하나님의 진리의 말씀을 가르쳐 준 곳이다. 그래서 나는 언제나 이 교회에 머물 줄 알았다. 하지만 어느 날 밤, 하나님께서 꿈을 통해 말씀하셨다. 꿈속에서 하나님의 음성이 들려왔다. "루앤, 이제 내가 너를 위해 예비한 것을 위해 '앞으로 행군해'(march forth) 나아갈 시간이다." 그 말씀을 듣고 교회 건물을 빠져나왔다. 나오면서 교회 문을 잠그고 열쇠는 핸드백 속에 넣었다. 뒤로 돌아서서 내 차 쪽으로 걸어가는데 스위트 목사님이 다가오셨다. 스위트 목사님은 우리 교회 부목사님이자 선지자인 분이다. 목사님은 '딕 트레이시' 스타일의 긴 트렌치코트를 입고 계셨다. 목사님께서 내게 떠나는 이유를 물으셨다. 나는 이제 내가 '앞으로 행군하여' 하나님께서 나를 위해 예비하신 곳으로 나아가야 할 때라는 음성을 들었다고 말씀드렸다. 그리고 그 꿈에서 깨어났다.

나는 그 날이 2월에서 3월(March: 영어로 3월 또는 '행군하다'의 의미)로 넘어가는 주간임을 깨달았다. 혹시 3월 4일(fourth: 영어로 4일을 의미하는 동시에 '앞으로' 라는 의미를 갖는 단어 'forth' 와 발음이 일치한다) 또한 예언적인 날은 아닐지 궁금해져서 달력을 찾아보았다. 그 주 주일이 바로 2007년 3월 4일(March fourth)이었다. 하나님께서 이토록 세밀하게 말씀해 주신 것에 화들짝 놀라고 말았다. 설레기도 했지만 미지의 세계에 대한 두려움도 있었다. 더불어 아주 흥분됐다! 나는 어디로 가야 하는 걸까? 가서 무엇을 하게 될까? 하나님을 전적으로 신뢰하는 길밖에는 없었다. 나와 가까운 사람들 중에서도 이 일을 이해하지 못하는 사람들이 있었다. 사실 나 역시 이해가 되지 않았지만, 하나님께서 하시는 일이라는 것만큼은 분명했다. 나는 오직 주님을 신뢰하고 순종해야만 했다. 내게 있어서 미지의 세계와 마주하는 것보다도 더 두려운 것은 주님께 불순종하는 것이었다. 모든 세부사항을 다 이해해야만 순종할 수 있다면, 믿음이 필요할 일은 없을 것이다.

하나님께서는 이렇게 말씀하셨다.

"나는 네가 뉴욕 로마에 있는 교회로 가서 간증하기를 원한단다. 하지만 네가 거기에 오래 머물게 되지는 않을 거야."

하나님께서 말씀하신 그 교회에 들어가서 아는 사람도 없이 홀로 앉아 있었던 때를 기억한다. 하나님께서 왜 그곳으로 나를 보내셨는지 이해할 수 없었지만, 그저 주님께 순종하여 그 자리에 있었다. 그 교회의 네드 목사님과 수 목사님께서 점심식사를 함께 하자고 하셨다. 점심을 함께 먹으며 나의 간증을 나누었고, 간증을 들으신 목사님들께서는 그 달에 있을 여성 집회에서 이 이야기를 해줄 수 있겠느냐고 부탁하셨다. 그분들께 이렇게 답해 드렸다.

"네, 하나님께서 이미 제게 이 교회에서 간증하라고 말씀하셨어요."

그리고 그 집회에서 매우 강력한 역사가 일어났다.

하나님, 제가 신데렐라 같아요

제 7 장

델…라…어디라고요?

그날 밤은 내 위에 임한 주님의 임재가 너무나 강력하게 느껴져서 제대로 잠을 청할 수 없었다. 잠자리에서 일어났을 때 주님께서 말씀하셨다.

DEL-A-Where?

나를 운명적 부르심 가운데로 나아가게 한 또 다른 꿈을 꾸었다. 이 꿈은 더욱 엄청난 믿음을 요구하는 것이었다. 하나님께서는 꿈속에서 이렇게 말씀하셨다.

"나는 네가 델라웨어로 가기 원한단다."

잠에서 깨자마자 놀라 소리쳤다.

"델…라…어디라고요? 하나님, 어째서 저더러 델라웨어로 가라고 하시나요?"

그날 밤은 내 위에 임한 주님의 임재가 너무나 강력하게 느껴져서 제대로 잠을 청할 수 없었다. 잠자리에서 일어났을 때 주님께서 말씀하셨다.

"침대 밑을 살펴보렴. 거기 책 한 권이 있단다."

침대 밑에는 아이들 사진이 한 무더기 있었는데, 그 사진 밑으로 매튜가 2학년일 때 내가 사주었던 책 한 권이 깔려 있었다. 요나의 이야기였다. 하나님께서는 매우 분명하게 말씀하셨다.

"너는 요나처럼 되어서 내게 불순종하기를 원하느냐?"

나는 얼른 말씀드렸다.

"하나님, 제가 갈게요. 당신께 순종할게요."

매튜에게 꿈 이야기를 들려주자 몹시 화를 내며 말했다.

"엄마, 그건 하나님일리 없어요. 사탄이 우리 아빠를 빼앗아 간 이마당에 하나님께서 엄마까지 빼앗아 가실 리 없잖아요."

"매튜야, 엄마는 이것이 하나님의 말씀이란 걸 알아. 그래서 가야만 해. 나는 그분께 순종해야만 한단다. 나도 다 이해할 순 없지만, 그분께서 우리의 모든 필요를 틀림없이 공급해 주실 거야. 우리가 이렇게 떨어져 지내는 것이 너를 더욱 성숙하게 할 것이라 믿는단다. 지금은 가슴 아픈 것 같겠지만 이 일을 통해 네 부르심 또한 드러나게 될 거야."

친구 댄과 캐시가 자기들의 집에서 고별 파티를 열어 주었다. 여러 친구들과 아들 마이클, 시온산 미니스트리의 몇몇 목사님들이 함께해 주었다. 축복의 시간이었다. 로우빌에 있는 교회에서도 송별회를 열어 주었다. 빌 목사님이 헌금을 모아 5백 달러를 주셨다. 빌 목사님의 아내인 리타는 나를 위해 기도해 주며 이렇게 말했다.

"이것은 아주 짧은 계절에 불과할 거예요. 당신이 이제 막 시작하려는 것은 하나님께서 당신을 위해 예비하신 것에 비하면 아무것도 아니에요. 하나님께서 예비하신 것은 훨씬 더 크답니다."

리타는 하나님께서 내게 첫 번째로 부여하신 임무를 통하여 나를 본격적인 부르심 가운데로 인도하실 것을 이미 알고 있었다. 하지만 정작 나는 하나님께서 계획하신 것이 무엇인지 전혀 알지 못했다. 하나님께 순종해야 한다는 것만을 알았을 뿐이다.

떠나기 바로 전날 내가 쓰던 침실의 가구를 모두 팔았더니 2천 달러가 되었다. 델라웨어로 가기 위해 가지고 있던 돈은 이게 전부였다. 몇 주 전에 '축복의 처소'의 토니 목사님이 전화를 걸어 자기 교회 목회를 도와 달라고 부탁하셨다. 목사님은 내가 자신을 도우러 오게 될 것이며, 그러면 자신이 나를 부목사로 임명할 것을 하나님께서 보여 주셨다고 했다. 하나님께서 토니 목사님에게 나를 부목사로 임명하라고 말씀하셨다는 얘기를 처음 들었을 때, 나는 그냥 웃어버렸다. 하지만 토니 목사님은 거듭 말씀하셨다.

"그래요, 루앤. 하나님께서 내게 당신을 우리 부목사로 임명하라고 말씀하셨어요."

저는 어디서 살아야 하죠?

2007년 7월 1일, 뉴욕을 떠났다. 다 이해할 수는 없어도 하나님께
순종해야 한다는 것만은 분명했다. 겨우겨우 뉴욕에서의 새로운 인생
을 재건축했다고 느껴질 무렵, 그 모든 것을 포기하고 델라웨어로 이
사했다. 나의 유일한 수입원이었던 청소 사업도 정리했다. 내가 가진
거라곤 지프차 한 대와 옷가지들뿐이었다. 계속해서 하나님께 "왜
죠?" 하고 질문했다. 왜 내가 또 다시 모든 것을 내려놓고 모든 일에
전적으로 하나님만을 신뢰해야 하는 걸까? 아들 매튜는 우리가 함께
살던 아파트 단지 내의 더 작은 아파트로 이사했고, 내 물건 중에 쓸
만한 것은 모두 그 아이에게 주었다. 지프차에 옷 몇 벌만 챙겨 넣고
델라웨어를 향해 출발했다. 그렇다. 나는 겁에 질려 있었다. 델라웨어
로 가는 도중에 주님께 여쭈어 보았다. "제가 어디에 머물러야 하죠?"
주님께서 말씀하셨다.
"그곳에 도착하면 얘기해 주마."
델라웨어 윌밍턴에 있는 '축복의 처소'에 도착하기까지 여섯 시간
이 걸렸다. 교회 안으로 들어가니 토니 목사님께서 기다리고 계셨다.
목사님은 미소를 지으며 말씀하셨다.
"축복의 처소에 오신 걸 환영해요."

대화를 시작하기 전 일단 화장실부터 들렀다. 화장실에 들어가자마자 눈물이 마구 쏟아지기 시작했다.

"하나님, 저는 이제 어디서 살아야 하죠?"

주님께서 응답하셨다.

"나는 네가 이 교회에서 살기를 원한단다."

"뭐라고요? 이 교회에서 살라고요?"

화장실에서 나온 뒤 토니 목사님께서 말씀하셨다.

"루앤, 이 위층에 방이 하나 있어요. 제가 믿기로는 하나님께서 당신이 이 교회 안에서 살기 원하시는 것 같네요."

나는 웃으며 답할 수밖에 없었다.

"네, 방금 화장실에 있을 때 하나님께서 제게도 말씀하셨어요."

축복의 처소 교회는 델라웨어 주 윌밍턴 시의 상가 건물 안에 있었다. 교회가 시내 상업 지구와 가까운 곳에 위치해 있었기 때문에 그만큼 도움을 필요로 하는 사람도 많았다. 토니 목사님과 스페이디 사도는 2007년 7월 14일 나를 부목사로 임명했다. 그 두 목사님은 이미 여러 해 동안 델라웨어에서 사역하고 계셨다. 우리는 창녀들, 마약중독자들, 노숙자들, 도심지역 아이들과 무슬림들에게 사역했다. 하나님께서는 내가 그들에게 사역할 수 있도록 집 없는 설움이 무엇인지를 피부로 느끼게 하셨다. 교회는 매일매일 열려 있었다. 여름 몇 달 동안은 날마다 아이들에게 밥을 먹여주고 찾아오는 사람들에게 기도도

해주었다. 많은 사람들이 길거리 생활에서 벗어나 그리스도께 자신의 삶을 드렸다. 치유와 구원을 동반한 무수한 기적들이 일어났다.

교회 모임은 일 층에서 있었고 나는 이 층에서 지냈다. 처음 두 달 간은 에어매트리스 위에서 잠을 청했다. 이 두 달 동안은 하나님께서 내가 집으로 돌아가서 침대 겸용 소파에 잠시 드러눕는 것조차 허락하지 않으실 것 같았다. 그렇게 되면 내가 다시는 돌아오지 않으리란 걸 하나님께서도 아셨기 때문이다. 당시 생활은 쉽지 않았다. 샤워 할 때도 자그마한 세면대와 세안용 수건이 사용할 수 있는 전부였다. 하루는 다리 면도를 하면서 한쪽 발을 세면대에 걸치고 있었는데 순식간에 그 세면대가 떨어져 내리면서 물이 사방으로 쏟아졌다. 나는 선포했다.

"예수님의 이름으로 명령하니, 사탄아, 네가 내 세면대를 빼앗지는 못할 것이다!"

그러고는 바닥에 떨어진 세면대를 들어 올려 벽에 원래 있던 자리에 가져다 대고 PVC 배관을 다시 연결했다. 그렇게 일을 완전히 마무리 지었다. 원수는 나를 낙심시키려 했지만 나는 한 번 크게 웃고 계속해서 나아갔다. 일주일에 한 번씩은 한 시간 떨어진 거리에 사는 조카딸네 집에 가서 샤워를 했다. 그 아이는 나를 '예수님 이모'라고 불렀다.

축복의 처소에서 사역하는 것은 매우 신나는 일이었다. 누가 교회

문을 열고 들어설지, 그들의 필요는 또 무엇일지 좀처럼 예상할 수 없었다. 하루는 한 여성이 서른 살 된 자기 딸을 데리고 교회로 걸어 들어왔다. 그 딸은 다리에 괴저가 시작되어 의사 소견에 따르면 발가락을 잘라내야 한다고 했다. 어머니는 제발 자기 딸을 위해 기도해 달라고 애원했다. 나는 향유 한 병을 가져다가 그 딸의 발가락 위에 붓고 기도했다.

"예수 그리스도의 이름으로 이 딸에게 행해진 주술의 힘을 파쇄하노라. 예수님의 이름으로 발가락은 치유될지어다."

딸은 자신이 얼마 전 쌍둥이를 낳았는데 그 중 한 아들이 필라델피아 어린이 병원에 입원하여 살 가망이 없는 상태라고 이야기했다. 그러니 그 아기를 위해서도 기도해 달라는 것이었다. 나는 예수님의 이름으로 기도하며 사망의 영을 결박하고, 그 사망의 영에게 아기를 풀어 주라고 명령했다. 또한 생명이 그 아기 가운데 임할 것을 명령하고, 아기가 치유 받고 온전해질 것을 선포했다.

바로 그 다음날, 기도 받은 딸이 교회로 돌아와 주님께서 자기 발가락을 치유해 주셨다고 얘기했다. 발가락이 자연스러운 살색으로 돌아와 있었다. 또한 쌍둥이 아들 역시 병원에서 많이 호전되었다고 전했다. 그리고 며칠 뒤, 아이는 완전히 회복되어 퇴원하게 되었다. 하나님께서 그녀에게 두 가지 기적을 베푸신 것이다. 축복의 처소에서 하나님께서 행하신 그 모든 기적들을 바라보는 것은 놀라움 그 자체였다.

너는 야곱과 같다

2007년 9월 7일의 일이었다. 교회 아래층에 홀로 앉아 '성령의 비가 내리네'(Let It Rain)를 부르며 예배하고 있었다. 하나님께 부르짖어 기도했다.

"하나님, 저를 왜 이곳으로 보내셨나요? 주님, 제 인생에 돌파가 필요해요. 제게 말씀해 주세요. 제가 왜 델라웨어에 있는 거죠? 제가 마치 야곱과 같네요. 하나님, 저를 축복하시기 전까지 당신을 보내드리지 않을 거예요!"

그때 누군가 문을 두드리는 소리가 들려왔다. 교회 여 성도 두 분이 델라웨어 도버에 있는 데스티니 교회에 자기들을 데려다 달라고 부탁했다. 그곳에 샤론 스톤 선지자가 방문하기로 했는데 그녀를 만나보고 싶다는 것이었다. 그들은 데스티니 교회가 데일 매스트 목사님이 담임하는 교회라는 말을 덧붙였다. "그래요, 저도 샤론 스톤 선지자를 만나보고 싶네요. 그런데 데일 매스트 목사님은 누구시죠?"라고 묻자, 데일 목사님은 도버에 살고 있는 놀라운 선지자라고 했다.

데스티니 교회 안으로 걸어 들어가면서 함께 간 분들에게 이런 얘기를 했다.

"제게도 이런 교회가 있었으면 좋겠네요."

통로로 들어가서 자리에 앉으려는데 마이크를 든 한 남성이 예언하기 시작했다. 그는 이렇게 외쳤다.

"여기 야곱과 같은 분들이 있습니다. 그분들은 하나님께 이렇게 부르짖고 있습니다. '저를 축복하시기 전까지 보내드리지 않을 거예요!'"

함께 갔던 성도들 중 한 분이 내 쪽을 돌아보며 말했다.

"루앤 목사님, 우리가 출발하기 바로 전에 목사님이 주님께 저렇게 말씀드렸잖아요. 우리가 찾아가는 곳마다 하나님께서 목사님에게 말씀해 주시네요!"

예배를 마친 뒤 데일 목사님께 찾아가 그날 밤 이 교회에 오기 직전에 내가 했던 기도에 대해 이야기했다.

"제가 오늘 밤 교회 문을 들어설 때 목사님께서 하셨던 말씀과 완전히 똑같은 말로 기도했었어요. '하나님, 왜 저를 델라웨어로 보내셨나요?' 하고 부르짖었거든요."

데일 목사님이 말씀하셨다.

"오른손을 들어 올리세요."

목사님은 자신의 오른손을 내 오른손 쪽으로 들어 올리시더니 이렇게 선포하셨다.

"당신이 하나님께서 축복하실 때까지 그분을 절대로 보내드리지 않으리란 걸 나 또한 동의합니다."

목사님이 내게 말씀하신 것은 아주 강력한 예언적 선포였다.

2007년 11월 4일, 펜실베이니아 주 해리스버그에 있는 라이프 센터 교회에서 개최된 '사도들의 목소리' 집회에 참석했다. 나는 교회 앞쪽에서 예배를 드리며 나의 두 아들이 경건한 아내를 맞이하게 해달라고 하나님께 기도하고 있었다. 단상에서 춤을 추며 경배하던 젊은 여성이 아래로 내려오더니 내게 예언하기 시작했다.

"아들들을 위해 기도하는 것을 포기하지 마세요. 하나님께서 당신의 아들들에게 경건한 아내를 주실 것입니다. 주님께서는 당신의 남편도 풀어줄 준비를 하고 계십니다. 하나님께서는 당신의 인생에 엄청난 부르심을 갖고 계세요."

속으로 생각했다. '내 남편을 풀어주신다고? 그가 대체 어디 있기에? 감옥에 가 있기라도 한 걸까?' 당시에는 그 말씀이 무슨 뜻인지 이해할 수 없었다. 시간이 흐른 뒤에야 그 뜻을 이해하게 되었다. 그 의미는 사실 매우 흔치 않은 것이었다. 현재 내 남편이 된 데일은 그때까지만 해도 결혼한 상태였다. 내가 그러한 예언의 말씀을 받은 후 십사일 만에 데일의 아내가 이 년간의 암 투병 끝에 주님께로 갔다.

11월 15일에는 러셀 힐 선지자가 축복의 처소를 처음으로 방문했다. 그분은 나에게 이렇게 예언했다.

"당신은 여선지자입니다. 많은 것들을 포기했습니다. 지난 칠 년간 당신이 빼앗긴 모든 것에 대하여 주님께서 이렇게 말씀하십니다. '그 모든 것이 돌아올 것이다.' 저는 지금 당신의 새 집과 새 차를 보고 있습니다. 빼앗긴 모든 것이 되돌아올 것입니다. 당신이 트리니티 방송에 출연한 것을 봅니다. 주님께서 '네가 텔레비전에 출연할 것이다'라고 말씀하십니다. 또한 당신은 매우 부유하게 될 것입니다. 당신은 홀을 붙든 에스더와 같습니다."

상가 건물에 딸려 있는 교회에서 살고 있던 나로서는 그 약속이 멀게만 느껴졌다. 하지만 여러 집회에서 많은 사람들에게 받은 예언의 말씀들을 통해 하나님께서 일하고 계시다는 것만큼은 확신할 수 있었다.

다른 곳으로 옮겨지다

다음날, 조카네 집에 들렀다가 축복의 처소로 돌아왔을 때였다. 내 방으로 걸어가는데 주님께서 말씀하셨다.

"성경책을 펼치고 침대에 누워 말씀을 읽으렴."

성경책을 펴자마자 깊은 잠에 빠져들어 꿈을 꾸게 되었다.

꿈속에서 나는 랜디 클락 목사님이 말씀하시는 것을 듣고 있었다. 목사님은 살아 있는 몸으로 천국에 가서 초자연적 만남을 경험한 사람들에 대해 가르치고 계셨다. 목사님은 자신 역시 들어 올려지는 체험이 있었지만 천장까지 올라갔을 때 미처 통과하지 못했다고 말씀하셨다. 계속되는 두려움 때문에 천장을 뚫고 지나가는 것이 가로막혔다고 하셨다. 그 말씀을 들으며 이렇게 고백했다.

"하나님 저도 데려가 주세요. 저도 천국을 방문하고 싶어요."

그러자 그 즉시 진공청소기 같은 것이 내 몸에서 영을 빨아들이는 듯한 느낌이 들었고, 어느새 나는 침대에 있는 내 몸을 내려다보고 있었다. 그렇게 위쪽으로 점점 더 올라가더니 건물을 벗어나서 우주까지 향했다. 시속 2만 마일쯤 되는 비행기를 탄 듯한 기분이었다. 엄청나게 빨리 여행해 올라가면서 주위가 점점 더 어두워지기 시작했다. 주님께 애원했다.

"저를 지옥으로는 데려가지 말아주세요. 지옥은 보고 싶지 않아요. 천국으로만 데려가 주세요. 저는 천국을 보고 싶어요."

그러다 갑자기 멈췄는데 어느덧 땅에 발을 디디고 서서 넓은 들판을 바라보고 있었다. 주님께 여쭈어 보았다.

"제가 왜 이 들판을 바라보고 있나요?"

질문의 답을 채 듣기도 전에 다시 아래쪽으로 내려가고 있었고, 정신을 차리고 보니 몸속으로 돌아와 있었다. 그와 동시에 잠에서 깨어났다.

"주님, 왜 저를 그곳으로 데려가셨나요? 왜 그곳을 보여주신 건가요?"

주님께서 말씀하셨다.

"나는 마귀들을 대적할 나의 군대를 불러일으킬 준비를 하고 있다. 마귀가 나의 백성들에게 행해온 일들 때문이다."

토니 목사님께 전화를 드려 나의 경험을 나누었다. 그리고 릭 소드몬트 목사님께도 전화를 드렸다. 그분 또한 나와 비슷한 체험을 하셨기 때문이었다. 그분께 방금 내게 있었던 일을 설명해 드렸다. 그분은 다음과 같이 확증해 주셨다.

"루앤, 하나님께서 하신 일이 분명하네요. 당신이 묘사한 경험은 제가 몸을 벗어나서 경험했던 것과 동일한 종류예요."

다이아몬드를 주다

축복의 처소에서 열린 12월 집회에는 플로리다 주 탬파에서 오신 조 머서 선지자와 그의 아내 도린이 말씀을 전했다. 도린이 설교하는 동안 주님께서 내게 말씀하셨다.

"도린에게 네 다이아몬드 테니스 팔찌를 주었으면 좋겠구나."

주님과의 말다툼이 시작됐다.

"제 팔찌는 안 돼요!"

주님께서는 다시 한 번 말씀하셨다.

"그 팔찌를 도린에게 주면, 너의 가난을 끊어내 주마."

나는 기쁜 마음으로 재빨리 팔찌를 뺐다! 그리고 도린이 말씀을 전하는 도중에 일어나서 그녀에게 이야기했다.

"주님께서 이 팔찌를 당신에게 드려서 당신을 축복하라고 하시네요."

도린은 기쁨과 감격으로 눈물을 흘리기 시작했다. 전부터 쭉 이런 팔찌를 하나쯤 갖고 싶어 했었기 때문이다. 그러나 나는 그 당시만 해도 하나님께서 내게 약속해 주신 것이 그토록 성큼 다가올 줄은 상상하지 못했다.

집회를 마치고 크리스마스를 보내기 위해 뉴욕에 있는 집으로 갔다. 아들들을 볼 수 있다는 기대로 가슴이 벅차올랐다. 엄마가 델라웨어에서 지낸다는 것이 두 아들들에게는 견디기 어려운 일이었다. 아이들 입장에서는 엄마가 어째서 델라웨어에 있는 교회에 들어가 지내야 하는지 좀처럼 이해할 수 없었다. 내가 살던 지역은 때때로 위험할 수 있는 곳이었기 때문에 아이들은 이 또한 걱정스러워했다. 교회와 한 블록 떨어진 곳에서 누군가 살해당한 일도 있었고, 다른 도심 지역과 마찬가지로 마약과 술이 그 지역 밤 문화의 주류를 형성하고 있었다.

그래서 이번 크리스마스는 나에게 힘든 시간이 되었다. 두 아들과 함께 지낼 수 있어서 행복했지만, 아이들은 내 결정에 아직도 화가 난 상태라 엄마는 미쳤다며 고함을 치고 빨리 뉴욕으로 돌아오라고 재촉했다. 엄마의 상황과 인생이 어찌될지 염려하는 아이들의 마음도 이해가 되었다. 하지만 내가 주님의 뜻 가운데 있음이 분명했기 때문에 나는 전혀 두렵지 않았다. 축복의 처소에서 지내는 동안 하나님께서는 나를 초자연적으로 보호해 주셨을 뿐 아니라 모든 재정적 필요들을 채워주셨다. 사례비를 따로 받지 않았지만 돈을 지불해야 할 기한이 될 때마다 매번 하나님께서 누군가를 보내서서 필요한 것들을 공급해주셨다.

크리스마스 연휴 기간 동안 메릴랜드에 있는 한 가정교회에서 열린 집회에 참석했다. 복음전도자 존 스코틀랜드 목사님의 말씀을 듣기 위해서였다. 목사님은 여러 사람들에게 사역하는 것을 마치신 후에 내가 앉아 있던 소파 쪽으로 다가오시더니 지갑을 꺼내셨다. 목사님은 하나님께서 일정 금액의 돈을 나에게 주어 내가 차 할부금을 낼수 있도록 해주라고 말씀하셨다고 했다. 내가 딱 필요로 하던 재정이었다! 또한 목사님은 축복의 처소에서 내가 보내야 할 계절은 끝이 났으며, 하나님께서 나를 위해 새로운 문을 열 준비를 하고 계시다는 말을 덧붙이셨다. 그리고 이 일은 내가 구해왔던 것 훨씬 그 이상이 될 것이라고 하셨다. 축복의 처소에서 사례비를 받지 않아도 내가 지불해야 할 대금들은 매번 제시간 안에 낼 수 있었다. 오전 10시에서 밤 10시까지 거의 매일 사역하고 어쩌다 월요일에 하루 쉴 수 있을 뿐이었지만, 나는 내가 하나님의 뜻 가운데 있음을 분명히 알고 있었다. 나와 가까운 많은 사람들이 이해하지 못한다고 해도 말이다.

델라웨어로 다시 돌아가는 길에, 뉴욕에서의 내 인생은 이제 완전히 끝났다는 사실이 분명하게 다가왔다. 어느덧 나는 델라웨어로 돌아가는 것을 무척 즐거워하고 있었다. 교회에서는 신년 전야 집회를 진행 중이었는데, 강사로는 노스캐롤라이나 주 던 지역에서 애브너 수아레즈 선지자가 오셨다. 하나님께서는 그 선지자에게 이 교회의 부목사를 만나기 전까지는 교회를 떠나지 말라는 음성을 주셨다. 나는 마침 하루 늦게 교회에 도착했다. 애브너 선지자는 교회 리더십 안에 충분한 연합이 이뤄지지 못하는 것을 염려하고 계셨다. 그러나 이 연합의 부재가 나에게는 오히려 축복의 처소를 떠나 나의 미래로 이동하게 되는 시작점이 되었다. 때때로 하나님께서는 어떠한 일들이 제대로 돌아가지 않게 하심으로써 우리가 미래를 향해 움직이게 만드신다.

탁월한 남자

그 주 주일 아침, 나는 축복의 처소에서 설교를 했다. 내 간증을 얼마간 나누고 사람들을 위해 기도해 주었다. 주일날 이따금씩 교회 건물을 나눠 쓰는 쿠퍼 목사님께서 한 남성에게 예언하기 시작하셨다. 그 남성은 나와 좋은 친구가 된 사이로 내 설교를 듣기 위해 찾아온 것이었다. 쿠퍼 목사님은 말씀하셨다.

"당신은 훌륭한 남성입니다."

친구가 이 말씀을 받는 동안 나는 친구 바로 뒤에 서 있었다. 그리고 이 말씀을 듣자마자 나는 그 자리에서 뒤로 몇 걸음 물러서고 말았다. 여러 해 전 브라질에서 오신 목사님께서 주셨던 예언의 말씀이 생각났기 때문이다. 라파 목사님은 이렇게 말씀하셨다.

"당신은 하나님의 놀라운 여성입니다. 당신은 그저 '훌륭한' 남성과 결혼하게 되지 않을 것입니다. 당신은 '탁월한' 남성과 결혼하게 된다고 주님께서 말씀하십니다."

그래서 그 순간 나는 이 '훌륭한' 남성은 하나님께서 나를 위해 계획하신 남편이 아님을 깨달았다.

쿠퍼 목사님은 나를 위해서도 기도해 주셨다.

"하나님께서 당신을 위해 사역의 문을 열 준비를 하고 계십니다. 당신은 강력하게 기름부음을 받았습니다. 결혼이 눈앞으로 다가오고 있습니다. 결혼할 준비가 되셨나요?"

목사님은 세 번이나 같은 질문을 하셨다! 물론 나는 준비가 됐다. 하지만 내 남편은 어디 있단 말인가? 이 '탁월한 남성'은 대체 어디에 있단 말인가?

또 다시 떠나야 할 시간

신년 전야 집회 강사로 오셨던 애브너 목사님을 만난 바로 그 날, 친구 마크와 캐시도 나를 찾아왔다. 하나님께서 그들에게 가서 내가 잘 지내는지 확인해 보라고 말씀하셨다고 한다. 마크와 캐시가 떠나고 며칠 뒤에는 또 다른 친구가 나를 만나려고 시애틀에서부터 비행기를 타고 날아왔다. 하나님께서 내 상황에 대하여 친구들에게 말씀하고 계신 것이었다. 알고 보니 내가 크리스마스를 지내려고 뉴욕에 간 사이 누군가 몇 가지 얘기를 늘어놓아 담임목사님과 내 사이를 이간시킨 것이었다. 그 말들이 목사님과의 관계에 부정적인 영향을 미쳐서 그 교회를 떠날 때까지도 관계가 회복되지 못했다.

이 기간 동안 주님께서는 나를 스바냐 3장 18-20절 말씀으로 이끄셨다.

> 주님께서 당신의 슬픔은 끝났으며 축제할 때라고 약속하셨습니다.
> "너를 학대한 자들을 내가 벌할 것이다. 내가 저는 자와 쫓겨난 자를 한데 모을 것이고, 그들은 이 땅에서 멸시 받는 대신 오히려 칭찬을 받을 것이다. 네가 지켜보는 앞에서 내가 너를 집으로 인도할 것이며,

네가 이전에 누렸던 모든 것들로 내가 너를 축복하는 것을 보게 될 것

이다. 그러면 너는 온 땅 구석구석에 유명해질 것이다. 나 주가 말하

였노라"(CEV 성경)

하나님께서는 언제나 그분의 말씀을 사용하셔서 우리에게 이야기

하신다. 하나님의 말씀은 강력하다.

어느 날 예배하며 기도하던 중에 주님께 매달렸다.

"주님, 이번 달 청구서들은 어떻게 하죠?"

주님의 음성이 들려왔다.

"내려놓고 하나님께 맡기렴. 너의 결혼이 다가오고 있단다. 조만간

에 결혼할 준비를 하려무나. 웨딩드레스, 웨딩슈즈, 신혼여행. 네가

바라는 건 무엇이니?"

나는 항상 백마 탄 왕자님이 나타나 내 마음을 사로잡아 주기를 바

라고 있었다. 내 꿈은 신혼여행으로 하와이에 가보는 것이었다.

그로부터 얼마 지나지 않아 네 명의 선지자가 각기 다른 시기에 축

복의 처소로 왔다. 그리고 그분들은 각각 나에게 변화의 때가 오고 있

다고 예언하셨다.

"집, 차, 남편, 모두 하나님께는 아무 문제가 되지 않습니다."

"하나님께서 당신을 위해 계획하신 일로 인해 차가 필요하게 되실

겁니다."

"준비하세요! 하나님께서 당신을 깜짝 놀라게 하실 겁니다. 지금 포기할 생각일랑 하지 마세요. 이제 곧 돌파하게 될 것입니다."

마지막으로 네 번째 선지자는 이렇게 말했다.

"주님께서 당신이 작은 일에 충성되었다고 말씀하십니다. 이제 하나님께서는 풍성한 것으로 당신을 축복하실 것입니다. 당신은 이제 영적으로 승진하려 하고 있습니다."

그분들은 모두 동일한 내용을 다양한 버전으로 말씀해 주셨다. 설레면서도 한편으로 이 어려운 처지를 하나님께서 어떻게 돌파해 주실지 잘 이해할 수 없었다. 그래도 하나님께서 어떻게든 해주시리라는 것만큼은 확신했다. 축복의 처소에서 열린 한 집회에서 카렌이 다음과 같은 말씀을 주었다(카렌은 내 친구이기도 했다).

"당신은 주님을 위해 모든 것을 포기했습니다. 집과 가족을 포기한 사람들 중에 하나님께 보상받지 못한 사람은 하나도 없습니다. 주님께서 당신을 축복하실 것입니다. '축복이 너를 뒤덮을 것이다' 라는 음성이 들립니다."

얼마 후 하나님께서는 꿈을 꾸게 하셨다. 꿈속에서 내 어깨에는 노란 외투가 걸쳐져 있었다. 축복의 처소를 걸어 나오면서 그 외투는 의자에 올려두고 내 짐 가방만 챙겨서 문 밖으로 빠져나왔다. 꿈에서 깨어나 하나님께 여쭤보았다.

"이 꿈이 무슨 뜻이죠?"

"이제 네가 축복의 처소를 떠나야 할 시간이다."

"네? 주님, 뭐라고요?"

"네가 떠나야 할 시간이라고 했다."

"주님, 정말로 제가 떠나야 할 때라면 제게 확증해 주세요."

그때였다. 전화벨이 울렸다. 나에게 처음으로 예언의 말씀을 주셨던 뉴욕에 계신 로즈 목사님이 이번에는 또 다른 말씀을 가지고 전화를 하셨다.

"하나님께서 당신에게 이렇게 이야기하라고 하셨어요. '당장 나와라! 하루도 더 기다리지 마라!'"

내가 미래를 향해 나아가는 일에 대하여 하나님께서는 이토록 진지하셨다.

주님은 내게 짐을 싸고 사직서를 쓰라는 마음을 주셨다. 그리고 저녁에 있을 사역자 모임에서 목사님이 다섯 가지 안건을 이야기할 텐데 그때 사직서를 제출하면 된다고 말씀하셨다. 그래서 그날 오후 사직서를 쓰고 내 모든 짐을 싸두었다. 사역자 모임이 시작되자 목사님께서는 자리에서 일어나 몇 가지 안건을 제시하셨다. 주님께서 말씀하신 상황 그대로였다. 그 안건들은 매우 사소한 것이었으며 그다지 중요한 일도 아니었다. 탁자 아래서 내 손가락으로 하나씩 헤아리기 시작했다. 목사님은 네 번째 안건까지 말씀하시더니 잠시 멈추셨다. 나는 혹시 내가 제대로 세지 못하고 지나친 것은 아닌가 생각했다. 하지만 이내 목사님의 말씀이 이어졌고, 드디어 다섯 번째 안건까지 마치고 나자 하나님께서 재촉하시기 시작했다.

"지금 그에게 사직서를 내거라."

곧바로 일어나 목사님께 사직서를 제출하며 이렇게 말씀드렸다.

"하나님께서 제게 말씀하시기를 목사님이 오늘 다섯 가지 안건을 이야기하실 텐데 바로 그때 사직서를 제출하라고 하셨어요. 2008년 1월 27일부로 저는 더 이상 축복의 처소의 부목사가 아닙니다. 여기 제 사직서입니다."

토니 목사님은 가만히 고개를 떨어뜨리셨고, 나는 이내 모임 장소를 빠져 나왔다. 다음날 아침 열쇠를 돌려드리기 위해 교회로 목사님을 찾아갔다. 목사님은 내가 떠나는 것을 원치 않으셨다. 떠나는 것이 나를 향한 하나님의 뜻이 아니라고 생각하셨기 때문이다. 하지만 주님께서는 내가 떠나야 할 때임을 분명히 보여주셨다. 지금 와서 깨닫게 된 것은 이때 일어났던 모든 일들이 하나님의 계획 가운데로 나를 이끌어 가고, 권위에 대한 나의 두려움을 극복하게 하시려는 것이었다. 뒤돌아보니 그때 내가 하나님께 순종하여 떠나지 않았더라면 그 다음 주 주일에 데스티니 교회에서 데일이 설교하는 것을 듣지 못했을 것이다. 그 주일 이후 데일은 이 주 동안 미얀마로 선교여행을 떠났기 때문이다.

축복의 처소를 사임한 것은 내 인생을 향한 하나님의 계획을 세워

가는 데 매우 중대한 발걸음이었을 뿐 아니라, 강력한 승리가 되었다. 이전에는 단 한 번도 영적인 권위자 앞에서 내 의사를 분명히 밝힐 수 없었다. 그러나 이 일을 계기로, 어린 시절 받은 학대로 인해 신앙생활에까지 줄곧 이어졌던 행동 패턴이 파쇄될 수 있었다.

어디로 가야 할지도 모르는 채로 축복의 처소를 걸어 나왔다. 지프차에 올라타서는 펑펑 울기 시작했다. 하나님께 의문이 들었다.

"제가 방금 무슨 일을 한 거죠? 이곳에 오려고 뉴욕에서 모든 걸 포기한 게 정말 옳은 일을 한 걸까요? 아마 옳은 일이었겠죠. 그런데 어쩌면 제가 실수한 걸지도 모르겠어요."

> 믿음으로 아브라함은 부르심을 받았을 때에 순종하여서, 유업으로 받기로 운명적 부르심을 받은 땅으로 나아갔습니다. 그리고 그렇게 나아갔을 때, 아브라함은 자기가 어디로 가야 할지 알지 못했지만 염려하지 않고 갔습니다(히 11:8, 확대번역성경)

제 8장

미지에 대한 두려움

예언 받기 원하는 사람들은 교회 건물 오른편으로 오면 된다고 했다. 그 말대로 오른쪽으로 가서 의자에 앉아 기다리고 또 기다렸다. 그러나 예언 팀 중 단 한 사람도 나타나질 않았다. 후에 데일 목사님은 이런 일이 일어난 것은 난생 처음이었다고 하셨다.

Fear Of The Unknown

과거에 경험한 실망감과 상처로 인해 생겨난 의심과 두려움 때문에 내 마음속에서 다툼이 일어났다. 또 다시 집에서 쫓겨나는 듯한 기분이었다. 나는 애통했다.

"하나님, 저는 모든 것을 포기하고 당신을 섬기러 왔잖아요."

하나님께서 이렇게 말씀하시는 것이 느껴졌다.

"너의 섬김은 헛되지 않았단다. 이제는 앞으로 나아갈 시간이다."

하나님께서 과거에 나를 어떻게 공급하셨는지를 다시금 기억해냈고, 그 하나님께서 앞으로도 행하실 것을 확신했다. 나는 그저 그분을 믿기만 하면 되는 것이다. 내 안의 두려움은 단지 원수가 내 마음속에 터를 잡으려 하는 시도임을 깨달았다. 교회를 떠나고, 일터를 떠나고, 가족을 떠난 것은 제정신이 아니라고 하며 모든 사람들이 반대했던 말들이 계속해서 내 마음속을 파고들었다. 두려움은 미래에 다가올 축복 속으로 들어가지 못하도록 내 발목을 붙들려 하고 있었다. 하나님께 울부짖었다.

"하나님, 이제 어떻게 해야 하죠? 어디로 가야 하나요?"

그 순간 전화벨이 울렸다. 축복의 처소에서 사귀게 된 친구 캐럴이었다.

"루앤, 하나님께서 당신이 델라웨어를 떠나서는 안 된다고 말씀하셨어요. 이곳에서 하나님께서 당신에게 하실 일이 아직 끝나지 않았어요."

캐럴은 하나님께서 내가 다음으로 할 일이 무엇인지 계시해 주실 때까지 자기 아파트에서 지내는 게 좋겠다고 했다. 캐럴의 아파트에 있는 여분의 침실에 내 짐을 풀면서 캐럴에게 물었다.

"이번 주말에는 어느 교회에 갈 건가요?"

캐럴은 펜실베이니아 주 해리스버그에 있는 라이프 센터 교회에 가보는 게 어떻겠냐고 했다. 나는 이렇게 답했다.

"그럼 기도해 보고 하나님께서 우리에게 무엇을 보여주시는지 볼까요."

그리고 내 침실로 걸어 들어가는데 주님께서 말씀하셨다.

"나는 네가 도버에 있는 데스티니 교회에 가길 원한단다."

"도버 데스티니라구요? 왜 도버 데스티니죠?"

캐럴에게 하나님께서 내게 보여주신 것을 나누었다. 캐럴은 하나님께서 자신에게도 동일한 것을 말씀하셨다고 했다. 그래서 그 주 주일에는 데일 매스트 목사님이 담임하고 있는 데스티니 교회로 운전해 갔다. 교회 안으로 들어서니 지난 9월 샤론 스톤 목사님의 말씀을 듣기 위해 이 교회 집회에 참석했던 기억이 되살아났다.

"하나님, 저를 왜 이곳으로 보내셨나요?"

경배의 시간이 끝난 후 데일 목사님은 캐럴에게 예언하고, 곧 이어 설교 말씀을 전했다. 데일 목사님은 뛰어난 교사라는 생각을 하며 그의 설교를 기쁜 마음으로 들었다. 말씀을 들으면서 이렇게 기도했다.

"주님, 주님께서 제게 말씀해 주시기 전에는 이곳을 떠나지 않겠어요. 제게는 주님께로부터 오는 말씀이 필요해요. 제가 왜 도버 데스티니에 와 있나요? 여기가 제 교회인가요?"

예배가 끝이 났지만, 예배 도중에는 하나님께로부터 말씀을 받지 못했다. 데일 목사님은 교회에 예언 팀이 있으니 예배를 마치고 예언을 받을 수 있다고 광고하셨다. 예언 받기 원하는 사람들은 교회 건물 오른편으로 오면 된다고 했다. 그 말대로 오른쪽으로 가서 의자에 앉아 기다리고 또 기다렸다. 그러나 예언 팀 중 단 한 사람도 나타나질 않았다. 후에 데일 목사님은 이런 일이 일어난 것은 난생 처음이었다고 하셨다.

두 사람이 내 쪽으로 와서 예언 팀원을 찾아서 이쪽으로 바로 보내겠다고 했다. 하지만 십오 분을 기다려도 아무도 오질 않았다. 그 주일에 데일 목사님은 2월에 생일을 맞은 사람들을 위해 예언해 주었다. 그리고 이제 막 마지막 사람을 위해 기도해 주기를 마친 상태였다.

"하나님, 당신께로부터 한 말씀이라도 받지 않고서는 여기를 떠나지 않을 거예요. 제 생각에는 저 목사님께 한 번 가봐야겠네요."

그리고 데일 목사님께로 찾아가 나를 위해 기도해 달라고 부탁했다.

"저는 하나님께 말씀을 받아야 해요."

목사님은 나의 상황에 대해 예언하고, 내가 겪어 온 몇 가지 어려운 상황들에 대해 언급했다. 여러 말씀들 중에는 이런 예언도 있었다.

"당신은 좁다란 복도에 있습니다. 하나님께서는 무언가를 통하여 당신을 어딘가로 데려가고 계십니다. 당신도 알다시피 하나님께서는 문 하나를 닫으시면 반드시 또 다른 문을 열어주십니다. 하지만 그 전에 복도에서 잠시 멈춰 기다리는 일이 있을 수 있습니다. 진주는 그런 상황 속에서 만들어지는 것입니다. 당신의 이름이 무엇이죠?"

"루앤이에요."

"루앤, 제 손을 잡으십시오. 주님, 제가 이 손을 잡을 때에 성령의 교통하심 가운데 손을 잡습니다. 지금 당신이 기름부음을 받고 있는 중이란 걸 명심하세요. 당신이 거절당하고 버림받았다고 느끼게 만들고, 당신의 목소리가 무시당하고 그 의도를 의심받았던 모든 것들을 내가 파쇄합니다. 당신 혼의 쓴 뿌리를 뽑아냅니다. 하나님의 사랑과 은총을 풀어놓습니다. 주님께서 이렇게 말씀하시는 것이 들립니다. '오, 시온의 딸아, 올라오라. 비전을 놓지 말라.' 야곱이 에서로부터 분리되어야만 했던 시간들이 있었습니다. 그로써 실제적으로 그 꿈이 진척될 수 있었던 것입니다. 주님께서 말씀하셨습니다. '이제 이 분리의 시간을 통해 내 영의 지혜로 말미암아 네가 성장할 시간이다.' 하나님께서 말씀하셨습니다. '나는 너를 결코 내 계획 밖으로 밀어내지 않을 것이다. 나는 언제나 너를 그 계획 속으로 밀어 넣을 것이다.' 하나님께서 말씀하셨습니다. '너는 부분적으로 보고 부분적으로 예언한다. 하지만 나는 너를 그렇게 한 걸음씩 이끌어 비옥한 땅으로 인도하고 있다.' 하나님께서 말씀하셨습니다. '내가 네 인생을 어떻게 새로운 길로 움직여 가기 시작하는지 지켜보아라. 새로운 영광이 네게 임하고 있다. 오, 시온의 딸아, 네가 다음 계절로 갈 수 있도록 힘을 실어 줄 교제의 처소에서 안식하게 될 것이다. 원수들이 망가뜨린 곳에 내가 물을 주기 시작할 것이다.' 그곳은 사막처럼 보이지만 하나님께서는 이렇게 말씀하십니다. '바로 그곳에 내가 물을 주기 시작할 것이다.'"

데일이 내게 사역하기를 마친 후에 나는 아들 마이클의 생일이 바로 오늘이라고 얘기했다. 데일은 아들이 몇 살이냐고 물었다. 어째서 그런 질문을 할까 조금 이상하다는 생각이 들었다. 나중에 알고 보니 데일이 내게 관심이 있었는데 내 나이를 가늠할 수 없어 그런 질문을 했다고 한다. 내 아들이 자기 아들보다 나이가 많다는 사실을 알게 되자 데일은 내가 '사귈만한 상대'라고 생각했다.

하나님께서 내가 이 교회에 출석하기 원하신다는 느낌은 들었지만 그 이유는 잘 알 수 없었다. 그래도 하나님께서 나를 그곳으로 이끄신 것만은 분명했다. 교회를 나서면서 캐럴에게 해변 쪽으로 운전해 달라고 부탁했다.

"캐럴, 잠시 하나님과 홀로 있어야 할 것 같아. 하나님께 여쭤 보고 싶은 게 있어."

해변을 거닐면서 기도하기 시작했다. 주님께 나를 왜 도버 데스티니로 보내셨는지 여쭤 볼 참이었다. 그러나 놀랍게도 내 입에서 불쑥 터져 나온 첫마디는 이것이었다.

"데일이 제 남편인가요? 주님, 그것 때문에 저를 데스티니 교회로 보내신 건가요?"

하나님께서는 아무 말씀도 없으셨다. 나는 이 일을 나중까지 그 누구와도 나누지 않았다.

다음날 데일 목사님은 미얀마로 떠났다. 주님께서는 데일을 위해 중보하라는 부담을 주셨다. 그 부담이 좀처럼 걷히지 않아 한밤중에도 깨어나 그를 위해 기도했다. 훗날 데일에게 들은 바로는 미얀마의 그리스도인들이 엄청난 핍박을 받고 있었으며, 그 중 몇몇은 외딴 정글에서 순교를 당했다고 한다.

그 다음 주일에도 캐럴과 나는 데스티니 교회에 갔다. 데일은 아직 미얀마에 있었다. 교회 문을 들어서려고 문고리에 손을 뻗었을 때 주님의 음성이 들려왔다.

"네가 이곳의 '영부인'이 될 것이다."

영부인이라니, 속으로 웃음이 났다. 예배를 마치고 매튜의 생일 카드를 사기 위해 홀마크 카드 가게에 들렀다. 내가 고른 카드를 계산하기 위해 계산대 앞에 서 있는데 한 여성이 끼어들더니 판매원에게 이렇게 묻는 것이었다.

"여기 영부인 카드도 있나요?"

다시 한 번 속으로 웃고 말았다. 하나님께서 확증을 주시기 위해 한 번 더 말씀하고 계시다는 것을 알았기 때문이다.

돌아오는 주간에는 아이들을 만나기 위해 뉴욕으로 갔다. 아들 매튜의 생일이었기 때문이다. 매튜는 몹시 신이 나서 최근 누군가를 만나고 있다고 얘기해 주었다. 니콜이라는 이름의 젊은 여성이었다. 게다가 하나님께서는 얼마 전 매튜가 직장에서 승진하도록 해주셨다. 매튜는 스물셋이라는 어린 나이에 한 부서의 책임자가 되었다. 하나님께서 매튜의 인생에 돌파를 이루고 계신 것이 분명했다. 매튜에게 말해 주었다.

"매튜, 하나님이 개입해 주신 것이 틀림없구나. 그분은 언제나 신실하셨어. 네가 너무나 자랑스럽다. 내가 믿기로는 하나님이 네 미래로 향하는 길을 여시기 위해 나를 네 인생에서 데리고 나가신 것 같아."

아들들과 함께 뉴욕에서 멋진 한 주를 보냈다.

"데일을 돌봐주세요"

델라웨어로 운전해 돌아가는 길에 나는 하나님께서 데스티니 교회에서 나를 위해 예비하신 것이 무엇인지 알게 되기를 고대하고 있었다. 주님께서 그 날 바로 말씀해 주시지는 않았지만, 밤에 꿈 하나를 꾸게 되었다. 꿈속에서 내가 알지 못하는 한 여성이 이렇게 말했다.

"루앤, 데일을 돌봐주세요. 그리고 데스티니에서 부흥의 비전을 계속해 나가세요."

떨면서 잠에서 깨어났다. 꿈속에서 나를 찾아온 그 여인은 누구란 말인가? 시계를 들여다보니 새벽 5시 55분이었다. 특정한 시간이 어느 정도 예언적 의미를 갖는다는 것을 알고 있었기에 하나님께 그 의미를 여쭈어보았다. 하나님께서 말씀해주셨다.

"사도적"

또한 나는 숫자 5가 '은혜'를 뜻한다는 것을 알았다. "은혜, 은혜,

은혜"라는 소리가 내 영 가운데 들려왔다.

컴퓨터를 켜고 데스티니 교회 홈페이지에 들어가 보았다. 내 꿈속에 나타난 여성은 앞서 세상을 떠난 데일의 아내였다. 그녀가 여러 달 전에 사망했음에도 불구하고 그녀의 사진이 여전히 홈페이지에 남아 있었다. 또 다시 떨려오기 시작했다.

"하나님, 무엇을 말씀하고 계신 건가요? 이것 때문에 당신께서 저를 델라웨어로 보내셨나요? 데일이 정말 제 남편인가요? 주님, 이것이 사실이라면 확증해 주세요."

그 순간 내가 처음 축복의 처소를 방문했을 때 조 머서 선지자가 예언했던 것이 순간 떠올랐다.

"루앤, 당신의 남편은 델라웨어에 있습니다."

20달러로 내가 무엇을 얻었는지 보세요!

다음으로 데스티니 교회를 방문했을 때, 데일 목사님은 나에게 데스티니 교회 예언 팀과 함께 펜실베이니아 주 노리스타운에 있는 한 교회에 가서 사역하지 않겠느냐고 제안했다. 기꺼이 가겠노라고 답했다. 데일 목사님이 그 교회에서 설교하는 동안, 목사님의 삶 가운데 임한 가르침과 예언의 외투로 인해 나는 엄청난 축복을 누릴 수 있었다.

헌금을 걷기 전에 데일이 말했다.

"구약 성경에 따르면 이스라엘 백성들이 제물을 가지고 나아왔을 때 하나님께서 그들을 만나 주셨다고 합니다. 오늘밤 예물을 드릴 때 하나님께 여러분이 원하는 것이 무엇인지 말씀드리세요. 하나님께 막연히 축복해 달라고 하지 마시고 여러분이 원하는 바를 구체적으로 아뢰세요."

나는 이렇게 기도했다.

"제가 가진 건 20달러가 전부에요. 저도 이게 많은 액수가 아니라는 것을 압니다. 하지만 주님, 이것이 제게 남아 있는 돈의 전부에요."

그렇게 20달러를 헌금함에 넣고 하나님께 말씀드렸다.

"하나님께서 데일이 제 남편이라고 꿈으로 말씀해 주셨죠. 이제 제가 구합니다. 데일이 제 남편이 되게 해주세요."

나중에 데일이 말해준 바로는 바로 그날 밤 자신이 내게 끌리고 있다는 사실을 깨달았다고 한다. 그래서 설교에 보다 집중하기 위해, 강대상에 서서 설교할 때 내 앞줄에 앉은 사람이 내 얼굴을 가려주는 그 지점에 서 있었다고 한다. 당시에는 데일 또한 내게 관심이 있는 줄 몰랐다. 그로부터 몇 주가 흐른 뒤에야 데일은 바로 그날 밤 나와 사랑에 빠졌다는 사실을 알게 되었다고 말해 주었다.

하나님, 제가 신데렐라 같아요

제 9 장

주님께서 모든 것을
새롭게 하시네

레슬리는 꿈속에서 내가 한 교회로 운전해 오는 것을 봤는데, 토니 목사님은 마침 그 교회 바깥에 서 계셨다고 한다. 그리고 내가 어떤 남자와 함께 교회로 들어갔다는 것이었다. 데일과 함께 교회 주차 장으로 들어서는데 레슬리의 꿈 얘기가 기억에 되살아났다.

Escaping Death

하루는 데일이 나에게 교회에 와서 지난 사역 경험과 앞으로의 비전에 대해 얘기해 달라고 부탁했다. 나는 내게 임한 구속의 기름부음과 학대 받은 이들에게 사역하라는 부르심에 관해 나누었다. 그리고 랜디 클락 목사님, 글로벌 어웨이크닝 팀과 함께 떠났던 세 차례의 전도여행에 대해서도 이야기했다. 그렇게 네 시간 이상 함께 대화를 나누었다. 데일에게 랜디 목사님을 아는지 물었다. 데일은 글로벌 어웨이크닝의 사역 학교 중 하나인 초자연적 사역 학교에서 이 년간 공부한 적은 있지만, 랜디 목사님을 뵌 적은 없다고 했다. 마침 이번 주 주일 밤에 캐시와 내가 랜디 목사님의 말씀을 들으러 갈 예정이었기 때문에 그 사실을 데일에게도 알려주었다. 데일은 자기도 함께 가고 싶으니 주일 오후 다섯 시에 우리를 데리러 오겠다고 했다.

데일이 도착하기로 약속한 시간 오 분 전쯤 캐럴이 갑자기 자기는 함께 가고 싶지 않다고 했다. 그래서 어쩔 수 없이 데일과 나 단 둘이만 집회에 참석하게 되었다. 두 달 전에 레슬리라는 친구가 자기가 꾼 꿈 이야기를 들려준 적이 있었다.

"루앤, 네가 어떤 남자랑 함께 있는 걸 꿈속에서 봤는데 네가 정말 행복해 보이더라. 네가 축복의 처소를 떠났다고 토니 목사님은 슬퍼하고 계셨어. 내 생각에는 내가 꿈속에서 본 그 남자가 하나님께서 널 위해 예비하신 남편감인 것 같아."

레슬리는 꿈속에서 내가 한 교회로 운전해 오는 것을 봤는데, 토니 목사님은 마침 그 교회 바깥에 서 계셨다고 한다. 그리고 내가 어떤 남자와 함께 교회로 들어갔다는 것이었다. 데일과 함께 교회 주차장으로 들어서는데 레슬리의 꿈 이야기가 기억에 되살아났다.

데일은 나를 내려주고 주차하러 갔다. 토니 목사님이 교회 건물 앞에서 전화 통화를 하고 계신 게 보였다. 예배 도중 급한 전화를 받고 밖으로 나와 전화를 건 사람을 위해 기도해 주고 계신 모양이었다. 교회 쪽을 향해 걸어가다 토니 목사님과 마주쳤고, 목사님은 언제 교회로 돌아올 거냐고 물으셨다. 나는 다시 돌아갈 계획이 없으며 데일 매스트 목사님의 교회에 갈 것이라고 말씀드렸다. 토니 목사님이 물으셨다.

"데일 매스트 목사님이라고요?"

때마침 교회 문이 열리고 바로 레슬리가 문 밖으로 나왔다. 레슬리 역시 전화를 받기 위해 나오고 있었다. 레슬리의 엄마가 이곳 교회로 오고 계셨는데 길을 찾지 못해 안내를 부탁하신 것이다. 레슬리가 나와 마주쳤을 때는 데일도 교회 쪽으로 걸어오고 있었다. 레슬리는 활짝 웃으며 이야기했다.

"오, 맙소사! 너에 대해서 꾼 꿈이 지금 바로 내 눈 앞에서 펼쳐지고 있어!"

데일과 함께 교회 안으로 들어섰을 때, 예배팀이 '주님께서 모든 것을 새롭게 하시네' 라는 찬양을 부르고 있었다. 교회 안은 수많은 사람들로 붐비고 있었고, 데일이 앉을 자리를 찾는 동안 나는 랜디 클락 목사님과 잠시 대화를 나누기 위해 앞쪽으로 갔다. 교회 안에는 축복의 처소에서 온 성도들도 많이 있었고 다들 나를 무척 반가워했다. 몇몇 사람들은 달려와서 나를 꼭 안아 주기도 했다. 나는 랜디 클락 목사님께 다가가 데일 매스트 목사님이 누군지 아시냐고 물었다. 목사님은 그를 안다고 답하셨다.

"데일이 목사님을 만나 뵙고 싶대요."

"그럼 그분을 이쪽으로 데리고 오세요."

데일이 랜디 목사님을 만났을 때 예배 인도자가 데일의 이름을 불렀다.

"데일 목사님, 목사님께서 육년 전에 제게 하늘의 문을 열고 사람들에게 예언하는 예배 인도자가 될 거라고 예언하셨죠. 그때는 목사님께서 제게 예언하셨지만, 지금은 제가 목사님께 예언합니다. '원수가 행했던 악을 하나님께서는 당신을 위해 선으로 바꾸어 주실 것입니다. 하나님께서는 이제 모든 것을 새롭게 하실 겁니다.'"

예배 인도자는 계속해서 몇 가지 축복의 말들로 예언했다.

예배 인도자가 예언하고 있는 사이에 랜디 클락 목사님은 데일의 한쪽 어깨에 팔을 두르고 계셨고, 나는 그 옆쪽에 서서 얼굴을 데일 쪽으로 향하고 있었다. 그렇게 예배 인도자가 계속해서 예언하는 동안 랜디 목사님과 나는 함께 데일을 위해 기도했다. 예배 인도자가 예언하기를 모두 마친 후에 데일을 랜디 목사님께 소개했다. 굉장한 밤 이었다! 데일과 나는 "모든 것을 새롭게" 하신다는 예언이 우리의 관계와 사역에 관한 것임을 알고 있었다.

찬양과 경배가 계속되는 가운데 토니 목사님도 예배를 드리려고 앞쪽으로 오셨다. 목사님께 다가가 말씀드렸다.

"토니 목사님, 저는 우리 사이를 가로막는 게 아무것도 없었으면 좋겠어요. 목사님으로 인해 하나님께 감사드려요."

모든 사람들이 교회 앞자리에 나와 경배하고 있었는데, 하나님의 임재가 워낙 강력하여 토니 목사님과 나는 둘 다 바닥으로 쓰러졌다. 목사님과 나 사이에 있던 벽이 무너져 내린 것이었다.

우리의 첫 키스

　그날 밤, 나는 우리의 관계가 무언가 특별해졌다는 것을 느꼈다. 데일은 아파트까지 나를 데려다 주면서 문 바로 앞쪽에 주차를 했다. 우리는 차 안에서 새벽 세 시가 다 되도록 이야기를 나누었다. 작별인 사를 하고 나서 데일은 그대로 차에 앉아 내가 문으로 들어가는 것을 바라다보았다. 나중에 와서 데일이 얘기해 준 바로는 그때 나를 문 앞까지 바래다주고 싶었지만 작별인사를 어떤 식으로 해야 할지 몰라서 그만두었다고 했다. 악수를 하자니 너무 딱딱할 것 같았고, 그렇다고 짧게 포옹하자니 키스와 너무 가까운 것 같아서 그냥 그렇게 차 안에 앉아 있었다고 했다. 데일의 생각에는 그게 그나마 가장 '안전한 선택'일 것 같았다. 데일은 그날 차 안에서 이야기 나누면서 이번 주 수요일 저녁에 체 안 사도(캘리포니아에 기반을 두고 사역하시는)가 라이프 센터 교회(차로 세 시간 거리)에 오시는데 함께 말씀을 들으러 가지 않겠느냐고 물었다. 나는 좋은 기회가 될 것 같다며 함께 가자고 답했다.

　화요일 밤에는 데스티니 교회에서 매주 있는 중보기도 모임에 갔다. 그날 밤 내가 교회 안으로 들어섰을 때, 교회 리더들 중 한 사람에게 문득 내가 데일 목사님의 좋은 아내가 될 것 같다는 생각이 들었다고 한다. 중보기도 인도자인 앤지가 그날 밤 꿈을 꾸었는데, 꿈속에서 내가 데일 목사님과 이야기 나누면서 목사님을 "데일 목사님"이라고 부르는 게 아니라 계속해서 "데일"이라고 이름을 불렀다고 한다. 그래서 꿈에서 앤지는 내게 이렇게 말했다.

"당신은 목사님과 그 정도로 알고 지내는 건 아니잖아요. 그러니 데일 '목사님'이라고 부르셔야죠."

그러자 내가 이렇게 답하더라는 것이다.

"아녜요, 우리는 그 이상의 관계에요."

그날 밤 기도회를 마치고 집에 돌아왔는데 좀처럼 잠이 오지 않았다. 내일 데일과 함께 보낼 시간이 너무나 기대되었기 때문이다. 하나님께서는 이미 나에게 데일이 내 남편이 될 거라고 말씀해 주셨다. 결국 수요일 새벽 두 시경에 잠자리에서 일어났다. 내 생각들을 글로 적어 두지 않으면 잠들 수 없을 것만 같았다. 내가 느끼는 바를 데일에게 알려주려고 이메일을 한 통 썼다. 그러나 이메일을 다 썼을 무렵 하나님께서 그것을 보내지 말고 출력해서 다음날 직접 전해 주라고 말씀하셨다. 그래서 그 편지를 핸드백 속에 넣어 두고 데일에게 건넬 적절한 타이밍을 기다렸다.

다음날 아침 일찍 데일이 나를 데리러 왔다. 그날 밤 있을 집회 전에 랭캐스터 지역에 들러서 시간을 좀 보내다 갈 계획이었기 때문이었다. 차문을 열어주면서, 데일은 지난밤 자신은 제대로 잠을 이룰 수 없었다며 나는 잘 잤느냐고 물었다. 데일에게 솔직히 답할 엄두가 나질 않았다. 한 시간쯤 운전해 가다가 커피를 마시기 위해 잠시 멈추었다. 내 마음은 데일을 향한 생각과 감정들로 마구 달음질쳐서 곧 있으면 터져버릴 것만 같았지만, 한편으로는 실망하게 되지는 않을까 하는 두려움과 싸우고 있었다. 하나님은 내가 칠 년씩이나 기다리게 하셨다. 관계를 내려놓게 하시고, 뉴욕을 벗어나 아이들과 친구들을 떠나가게 하셨으며, 사업을 정리하고 교회 건물에서 생활하게 하셨다. 하나님께서 이 모든 일들을 하게 하신 이유가 바로 지금 때문인 걸까? 정말로 내게 이런 일이 일어날까? 그 모든 예언들이 바로 이때를 위한 것일까?

데일이 차에서 내려 내 쪽 차문을 열어 주었다. 그리고 커피를 주문하기 위해 함께 가게 안으로 들어갔다. 판매대 앞에서 줄을 서서 기다리면서 이 관계에 대한 깊은 평강이 내 안에 임하는 것을 느낄 수 있었다. 편지를 언제쯤 줘야 할지 몰랐지만, 줄의 중간쯤에 왔을 때 이미 두려움은 사라지고 그 자리를 평안이 대신하고 있었다. 둘 다 프렌치 바닐라 커피를 사가지고 차 쪽으로 돌아왔다(이 글을 쓰고 있는 지금, 데일과 나는 웃음이 터져 나왔다. 바로 지금도 둘이 함께 프렌치 바닐라 커피를 마시고 있기 때문이다!). 다시 도로로 접어들었을 때 데일이 내 쪽을 보며 말했다.

"지난밤 도무지 잠을 잘 수 없었어요. 온통 당신 생각뿐이었거든요. 저는 당신에게 이성적인 감정을 느껴요."

나는 핸드백에 손을 뻗어 데일에게 쓴 이메일을 꺼냈다.

"이 편지를 읽어 보셔야겠네요. 지난밤 당신에게 쓴 거예요. 실은 저도 제 감정을 써내려가기 전까지 잠을 이룰 수 없었어요."

데일은 운전 중이었기 때문에 내게 그 편지를 대신 읽어 달라고 했다.

"데일에게. 지난 밤 좀처럼 잠이 오질 않았어요. 당신을 만난 이후 제 마음이 다시 살아나기 시작했어요. 처음 만났을 때부터 당신과 대화를 나누는 게 너무나 편했어요. 당신은 나의 영원한 친구가 될 것 같아요. 우리 관계가 어떻게 진행될지는 모르지만 내가 당신에게 이성적인 감정을 느끼는 것만큼은 분명해요. 주님께서 여기서부터 우리를 인도해 주실 것을 확신해요."

그리고 우리는 손을 잡았다. 하나님께서 우리 인생에 달콤한 일을 행하고 계셨다. 점심을 먹기 위해 펜실베이니아 허멜스타운에 있는 워릭 레스토랑에 들렀다. 레스토랑 출입구로 들어가니 좁고 긴 복도가 이어졌다. 좁고 긴 복도가 이어졌다. 우리 둘은 그곳에 잠시 멈춰 섰다. 데일이 팔을 둘러 나를 안아주었고, 나는 가만히 몸을 기대 데일에게 부드럽게 입 맞추었다. 우리 둘 모두에게 특별한 순간이었다. 훗날 데일은 당시 자기 앞에 가로막힌 것이 있었는데, 그 입맞춤이 그를 자유롭게 해주어서 우리의 관계와 인생 가운데로 돌파해 나아갈 수 있었다고 했다.

바로 그 다음날, 데일은 앤지를 비롯한 다른 교회 리더들과 모임을 가졌다. 데일은 리더들에게 어떻게 말을 꺼내야 할까 몹시 긴장하고 있었다. 교회 사무실에 전화벨이 울렸고 다른 리더가 전화를 받아 건네주었지만, 데일은 잠시 멈칫 하더니 다음에 다시 전화해 달라고 부탁했다. 앤지가 데일 목사님 쪽을 바라보며 물었다.

"무슨 일이세요? 당장 결혼이라도 하세요?"

데일은 리더들에게 말했다.

"그런 셈이에요. 루앤이 제 아내가 될 것 같습니다."

데일은 하나님께서 나를 자신의 인생 가운데 보내 주셨다는 사실을 확신하게 되어 매우 행복해 하고 있었다. 그는 나를 만나기 전부터 하나님께 자신의 아내를 보내 달라고 기도하며 구해 왔다. 그런데 하나님께서 그 모든 과정을 거쳐서 나를 뉴욕에서부터 델라웨어까지 보내주신 것이다. 우리가 결혼한 후에 데일은 델라웨어(Delaware)는 '델…라…어디라고요?'(DEI-A-WHERE)였던 것이 아니라, '데일은 알고 있단다'(DALE-AWARE)라는 의미였다고 얘기해 주었다.

우리 둘은 하나님께서 우리 삶에 행하실 새로운 일들을 기대하며 기뻐했다. 우리 둘 다 수많은 상실과 비극을 겪은 후였기 때문에 더욱 그러했다. 하나님께서는 원수가 훔쳐간 것들을 우리에게 회복시켜 주고 계셨다. 내게는 너무나 길었던 칠 년이었다. 그냥 아무 사람하고나 결혼할 수는 없었다. 나는 하나님께서 나를 위해 예비하신 그 한 사람을 원했다. 내가 받았던 초자연적인 사인들과 예언들, 꿈들은 물론이고 하나님께서 풀어주신 완벽한 타이밍으로 인해 데일이야말로 바로 그 사람임을 확신할 수 있었다. 내가 하나님께 순종했을 때, 하나님께 서는 완벽한 시기에 우리의 만남을 허락하셨다.

데일과 나는 짧은 연애기간 동안 최대한 많은 시간을 함께 보냈고, 그 일분 일초를 즐겼다. 이 특별한 시간에 하나님께서는 너무나 다양 한 방법들로 개입해 주셨다. 하나님께서 주시는 회복은 우리가 상상 하고 계획했던 수준을 훨씬 능가했다.

빨간 장미 여덟 송이

어느 날 아침 데일이 문을 두드렸다. 문을 열어 주니 빨간 장미 여 덟 송이를 들고 들어왔다. 그리고 내 앞에서 한쪽 무릎을 꿇고 이렇게 말했다.

"루앤, 여기 빨간 장미 여덟 송이에요. 일곱 송이는 당신이 겪어 왔 던 힘겨웠던 칠 년이 예수님의 보혈로 덮여 있음을 의미해요. 그리고 이 여덟 번째 장미는 '새로운 시작'을 위한 거예요. 나와 결혼해 주시 겠어요?"

"당신의 아내가 된다면 영광일 거예요. 그래요, 당신과 결혼하겠어 요."

데일이 말했다.

"차에 타요. 오늘은 당신이 영원히 잊지 못할 날이 될 거예요."

나는 데일에게 진심으로 '이미 충분해요' 라고 말했다.

비엠더블유

점심식사를 함께한 뒤에 우리는 BMW 매장에 갔다. 실은 어제도 이 매장에 함께 왔었다. 데일은 어제 자기는 한 번도 BMW를 제대로 본 적이 없다며 한 번쯤 둘러봐야겠다고 했다. 내가 보기에는 데일이 차를 사는 데 정말로 흥미가 있는 건 아닌 듯했다(데일이 나중에 얘기한 바로는 내가 어떤 색깔의 차를 좋아하는지 알아보려 했던 것이라고 한다. 하지만 나로서는 데일의 의도를 전혀 알 수 없었다).

자동차 매장으로 들어서면서 데일에게 물었다.

"뭐하려고요?"

데일이 대답했다.

"당신에게 BMW를 사줄 거예요."

"에이, 장난치지 말아요!"

매장 안으로 들어가자 직원이 나에게 BMW 7시리즈의 열쇠를 건네주었다. 직원은 활짝 웃으며 말했다.

"축하드립니다. 이제 그건 당신의 차예요."

데일은 앞서 그 직원에게 차에 얽힌 나의 사연을 들려주었고, 직원은 그 이야기에 감동을 받아 자신도 그 기적의 스토리에 일부가 될 수 있다는 사실을 기뻐했다. 눈물이 흘러 나왔다. 나는 하나님께서 이 차를 주실 것을 믿고 있었다.

나의 영혼이 벅차올랐다. 너무나 신이 났던 나머지 소리라도 지르고 싶었다. 주시리라 믿어왔던 내 남편, 그리고 자동차! 꿈을 꾸고 있는 건 아닌지 누가 나를 좀 꼬집어 줬으면 싶었다. 차를 사준 것은 데일이었지만, 주님께서 육 년 전에 내게 하신 약속을 지켜 주신 것이기도 했다. 뉴욕에서 차도 없고 돈도 없던 시절, 이 BMW 7시리즈에 손을 얹고 하나님께서 주실 것을 믿었다. 데일이 매매서류에 사인하는 동안 책상 위에 놓인 직원의 이름표를 보았다. 그의 이름은 조 커버데일이었다. 나는 또 한 번 크게 웃고 말았다. 하나님께서 이렇게 말씀하셨다.

"루앤, 네가 데일을 커버하게 될 것이다!"

신데렐라는 호박마차를 탔지만 나의 왕자님은 내게 BMW를 사주었다!

문자 메시지

BMW를 넘겨받은 뒤에 함께 드라이브를 하러 갔다. BMW는 말할 것도 없고 그 날 있었던 청혼만으로도 나는 몹시 들떠 있었다. 주님께서 주시리라 믿어 왔던 모든 것들이 실현되고 있었다. 방금 일어난 일들을 두 아들들에게 이야기하지 않고는 견딜 수 없을 것 같았다. 그래서 아이들이 내게 항상 하던 방식대로 나 역시 똑같이 했다. 바로 문자 메시지를 보낸 것이다.

"엄마가 데일이라는 사람을 만났단다. 그가 내게 BMW를 사주었어. 우린 곧 결혼할 거야."

아들들은 곧장 전화를 했다! 그 아이들은 내가 누군가와 교제하고 있다는 사실도 몰랐고, 정말 결혼을 할 정도로 진지한 관계가 있다는 것은 전혀 몰랐다. 마이클의 여자 친구인 레이첼은 마이클더러 그간 엄마를 놀리고 믿지 않았던 것에 대해서 무릎 꿇고 사과하라고 말했다고 한다. 마이클은 정말로 그렇게 했고 이런 말도 덧붙였다.

"엄마가 섬기는 하나님이 진짜라는 걸 알겠어요. 엄마 때문에 너무 행복해요. 엄마가 겪어온 일들을 생각할 때 엄마는 이 모든 걸 누릴 만한 자격이 있어요. 엄마가 정말 자랑스러워요."

매튜 역시 매우 신나며 말했다.

"하나님께서는 언제나 저를 놀라게 하시네요. 엄마도 그렇고요."

하나님은 너무나 신실하셨다. 하나님께서 데일과 나를 어떻게 만나게 하셨는지 간증할 때마다 우리 두 사람은 BMW가 "Be My Wife!" (내 아내가 되어주세요!)를 상징한다고 얘기한다.

데일의 꿈

우리는 결혼 날짜를 고심하게 되었다. 데일과 나는 타이밍이 매우 중요하다는 것을 알고 있었다. 관련된 여러 가지 요인들로 인해 날짜를 고르는 것이 쉽지 않았다. 하루는 데일이 밤중에 꿈을 꾸었다. 꿈속에서 우리 둘이 커다란 집회 장소에 나란히 서 있었다. 척 피어스 사도(데일은 이분께 안수를 받았다)가 우리 쪽으로 걸어오시더니 우리를 맞아 주셨다. 그리고 그분을 선두로 우리 모두는 결혼식의 진행을 위해 강당 앞쪽으로 미끄러지듯 들어갔다.

척 피어스 사도에게 이메일을 써서 2008년 6월 7일에 우리 결혼식 주례를 해주실 수 있는지 여쭤보았다. 우리는 그분이 결혼식 주례를 거의 하지 않는다는 걸 알고 있었지만 꿈 때문에라도 일단 문의해 보기로 했다. 그는 6월 7일이 자신의 생일이며 스케줄을 맞추기 어려울 것 같다고 답해 주었다. 하지만 우리는 그 꿈을 통해 이 날이 우리가 결혼하기에 합당한 날임을 하나님께서 보여주신 것이라고 깨달을 수 있었다. 날짜는 6-7-8(6월 7일 2008년)이었다. 이 연속되는 숫자는 예언적으로 매우 중요한 의미를 갖는다. 6은 '인간' 을, 7은 '하나님' 을, 8은 '새로운 시작' 을 나타낸다. 하나님께서는 심지어 결혼식 날짜를 통해서도 우리에게 말씀해주셨다. 데일과 나는 새로운 시작을 향한 하나님의 뜻 가운데로 한 걸음씩 나아가고 있었다. 그래서 우리는 결혼식 날짜를 2008년 6월 7일로 확정지었다. 척 피어스 사도가 결혼 선물과 함께 보내 주신 축복의 메시지를 담은 DVD를 보고 데일과 나는 감동을 받았다.

구두 한 짝이 당신의 인생을 바꿀 수 있다

교회 친구 중 하나가 '신데렐라' 를 주제로 한 깜짝 웨딩 파티를 열어 주었다. 데일과 함께 외출을 했는데 데일이 교회에 잠깐 들러 챙겨 가야 할 게 있다고 했다. 교회 안으로 들어섰을 때 나는 깜짝 놀라고 말았다. 교회의 여 성도들이 환영하며 우리를 맞이했다. 그분들은 호박으로 마차를 만들어 단 위에 올려 두었고, 나를 이끌어 그곳에 앉으라고 했다. 그리고 데일에게는 구두 한 짝을 가져다가 내 발에 신기도록 했다. 굉장한 순간이었다. 뉴욕 유티카에 있는 친구들 역시 새 신부를 위한 웨딩 파티를 열어주었다. 게다가 하나님께서는 누군가에게 내 웨딩드레스를 사주라는 감동을 주셨다. 하나님은 수많은 놀라운 방법들로 공급해 주셨다.

데일과 나는 우리 결혼식에 관해 여러 가지 재미난 계획을 세웠다. 우리는 우리의 모든 자녀, 마이클, 벤자민, 하이디, 매튜, 앤드류, 재커리를 결혼식에 참여하도록 했다. 나는 신부 입장을 할 때 연주할 곡으로 브라이언과 젠 존슨의 노래인 '당신이 가시는 곳에 저도 가겠습니다' (Where You Go I'll Go)를 선곡했다. 이 노래는 나에게 매우 중요한 의미가 있었다. 이 노래를 처음 들은 것은 펜실베이니아에서 있었던 글로벌 어웨이크닝 집회 때였다. 뉴욕에서 살 때 이 노래를 듣고 또 들었다. 특히 잠들기 전 시간에 여러 번 이 곡을 반복 재생하곤 했다. 그리고 주님께 이런 고백을 드렸었다.

"주님께서 가시는 곳에는 저도 갈게요. 주님께서 말씀하신 것을 저도 말할게요."

이 노래는 곧 내 삶의 간증이었다. 나는 하나님께서 하라고 하시는 일을 했다. 나는 내가 가진 모든 것, 오래 되고 익숙한 모든 것들을 등지고 알지 못하는 곳을 향해 떠나왔다. 성경 속의 룻이 된 것만 같았다. 룻은 보아스를 만나기 위해 자기가 알던 세계를 떠나와야 했다. 데일은 분명 나의 보아스였다!

아빠의 손을 잡고 결혼식에 입장했다. 통로 중간쯤에서 두 아들이 내 양쪽에 서서 나머지 거리를 에스코트하며 함께 입장해 주었다. 결혼식 절차에 따라 "이 신부가 결혼하도록 내어주십니까?" 하는 질문이 주어지자 아들들이 한 목소리로 답했다.

"네, 그렇습니다."

후에 아이들은 말하기를 그 순간 무척 행복했고 안도감을 느꼈다고 한다. 이제 엄마도 소중하게 돌봄을 받을 수 있다는 생각이 들었기 때문이었다. 그 말을 들으니 아이들이 그간 내가 쭉 혼자 있게 되지는 않을까 얼마나 두려워했는지 알 수 있었다. 아이들은 나에 대한 무거운 책임감을 느끼고 있었던 것이다. 두 아이들은 내가 데일을 만난 것을 진심으로 기뻐해 주었다. 데일이 나를 잘 돌보아줄 것을 아이들도 알고 있었다. 마이클과 매튜 모두 결혼식에서 축사를 해주었다. 아이들은 나로 인해 너무나 행복하고 내가 자랑스럽다고 말했다. 하나님을 향한 나의 믿음과 사랑에 대해서도 이야기했다. 아이들은 엄마가 모든 것을 빼앗겼을 때에도 하나님을 신뢰했으며, 그 결과 하나님께서 그 전부를 회복시켜 주셨다고 간증했다.

결혼 예식이 진행되는 동안 데일과 나를 둘러싸고 있는 우리 자녀들을 바라보며 너무나 기뻤다. 결혼식을 끝마치고 우리 부부가 교회를 떠날 때는 '주님께서 모든 것을 새롭게 하시네' 라는 곡을 연주했다. 이 노래는 데일과 내가 랜디 클락 목사님을 만나기 위해 함께 걸어가던 때 연주된 곡이었다. 그것이 우리의 첫 번째 비공식적, 비계획적

데이트였다. 뉴욕의 여러 친구들과 축복의 처소 사람들도 결혼식에 참석해 주었다. 우리 가족들이 다들 그곳에 함께했다는 것도 무척이나 가슴 벅찬 일이었다. 이곳에 모인 많은 사람들이 내가 걸어온 시련의 시간들을 지켜보았고, 주님께서 이루신 일들로 인해 함께 기뻐해 주었다. 우리의 결혼식을 둘러싼 기적들은 수도 없이 많았다. 우리는 결혼식에 이어 하와이로 멋진 신혼여행을 떠났다. 나의 또 다른 꿈이 이루어진 것이다!

6-7-8

일 년이 지나 우리 부부는 어느덧 첫 번째 결혼기념일을 맞이할 준비를 하고 있었다. 플로리다로 휴가를 떠나기 전 우리는 뉴저지에 들러 집회를 인도하기로 되어 있었다. 뉴저지로 운전해 가면서 델라웨어라는 지명과 '678'이라는 숫자가 포함된 번호판을 단 차량을 무려 세 대나 지나쳤다. 숫자의 순서까지 '678' 그대로였다. 사역하기로 한 교회에서는 우리가 말씀을 전하기에 앞서 한 여성이 특송을 불렀다. 그분이 부른 노래는 우리의 결혼식에 연주된 곡이었다! 나는 즉각 그 것을 알아차렸지만 데일은 바로 눈치 채지 못했다. 약간 편곡하여 불렀기 때문이다. 데일에게 이 노래가 무슨 노래인지 알려주고 우리는 함께 웃음을 터뜨렸다. 집회를 마치고 플로리다에 도착했을 때, 우리가 묵게 된 콘도의 방 호수는 바로 '6708' 이었다. 우리가 결혼한 바로 그 날짜였다! 그곳에서 보낸 하루하루가 우리가 하나님의 완벽한 뜻 가운데 있다는 것을 상기시켜 주었다.

나중에 우리 차를 교통국에 등록할 때의 일이다. 교통국에서는 다섯 자리 숫자로 구성된 2백 주년 기념 자동차 번호판을 제공하는데 딱 세 개의 일련번호만 남아 있었다. 나는 그 중에 '678' 을 포함하고 있는 번호는 없냐고 물었고, 그런 번호를 포함하는 것이 하나 있었다! 바로 '77678' 이었다. 이 숫자는 우리에게 각별한 의미가 있다. 나는 데일과 결혼하기 위해 칠 년을 기다렸고, 데일은 나와 결혼하기 위해 일곱 달을 기다렸다. 이 두 번의 7은 우리 결혼에 대한 하나님의 갑절의 축복을 의미한다.

네 개의 방 그리고 넉 달

결혼 전 데일이 살던 집은 중개인이 구 개월 동안이나 부동산 시장에 내놓은 상태였다. 하지만 집은 좀처럼 팔리지 않고 있었다. 일본에 사역하러 갔다가 어떤 부동산 중개소의 간판을 보게 되었다. '매스트 (MAST) 부동산' 이라고 쓰여 있었다. 우리를 집회에 초청한 분에 따르면

MAST는 부동산 중개업자 이름의 약자라고 했다. 데일과 나는 그 간판이 우리가 직접 그 집을 처분하게 될 것이라는 사인이라고 느꼈다.

일본에서 집으로 돌아오는 길에 긴 비행을 하면서 데일에게 몸을 기대고 나를 위해 기도하여 예언의 말씀을 줄 것을 부탁했다. 데일은 너무 피곤하다고 했지만, 나는 계속해서 부탁했다.

"난 지금 하나님께서 주시는 말씀이 절실해요."

그래서 데일은 공책을 펴들고 주님께 말씀을 주시기를 구하기 시작했다. 그리고 곧이어 글을 써내려갔다. 다음은 성령께서 2009년 5월 21일에 데일에게 주신 말씀이다.

"이제 새 집을 채울 가구를 고를 때가 되었다. 왜냐하면 내가 다음 계절을 위해 너를 새로운 위치로 옮겨 갈 것이기 때문이다. 넉 달 안에 네 개의 방. 나는 너에게 새로워진 소망과 기대를 줄 것이다. 가구는 새 집에 딱 맞을 것이다. 내가 새로운 공급의 문을 열고 있기 때문이다. 새로운 가죽이 네게 이것을 말해 줄 것이다."

우리는 결혼한 이후로 계속해서 집을 알아보고 있었다. 일본에서 돌아온 후에도 여러 달을 여전히 알아보는 중이었다. 나는 어느덧 함께 살 새 집을 아직 구하지 못한 것에 대하여 데일에게 불평하기 시작했다. 데일은 즉각 이렇게 말했다.

"당신이 하나님께서 하라고 하신 일부터 하지 않았잖아요. 그래서 하나님이 당신을 기다리고 계신 거예요. 왜 가구를 아직 고르지 않는 거예요?"

"뭐라고요? 아니, 누가 집도 구하기 전에 가구부터 고른단 말이에요?"

그때 주님께서 나를 책망하시는 듯한 느낌이 들었다. 그리고 다음의 성경구절이 떠올랐다.

> 이는 내 생각이 너희의 생각과 다르며 내 길은 너희의 길과 다름이니라 여호와의 말씀이니라(사 55:8)

이런 생각이 들었다. '하나님께서 내게 행하신 그 모든 일들을 보고도 그분을 신뢰하지 못하는 나는 대체 어떤 사람이란 말인가.' 그래서 결국은 가구를 사러 갔다.

가구 매장으로 들어서자 판매 직원 하나가 다가와 찾으시는 게 있냐고 물었다. 새 집에 배치할 새 가구를 고르러 왔다고 답하자 직원이 질문했다.

"새 집 벽은 무슨 색이죠?"

나는 웃음을 터뜨리며 말했다.

"저도 모르겠어요."

그 여직원은 황당하다는 듯이 나를 쳐다보았고, 나는 상황을 설명해 주었다. 모든 것을 잃었지만 그 모든 것을 하나님께서 회복시켜 주셨다는 나의 간증을 들려주었다. 내 인생 이야기를 듣는 동안 그녀는 눈물을 글썽였다. 나중에 와서 알게 된 사실이지만 그녀는 우리 이야기를 통해 큰 축복을 누렸다고 한다. 데일과 나는 방 네 개를 채울 새 가구들을 모두 골랐다. 그리고 이렇게 기도했다.

"알겠어요, 하나님. 가구를 다 준비했어요. 이제 우리 집은 어디인가요?"

우리가 가구를 장만하기 불과 몇 주 전, 부동산 중개인은 데일의 집이 잘 팔리지 않자 잠시 매물에서 제외시켜 두었다. 그러나 내가 하나님께서 지시하신 바를 행한 바로 그 주에 집이 팔려나갔고, 우리가 현재 살고 있는 아름다운 새 집을 구매할 수 있었다. 주님께로부터 말씀을 받은 지 넉 달 만에 새 집으로 이사를 했다. 하나님께서는 정말로 '모든 것을 새롭게' 회복시키셨다. 새 집의 거실은 포도주 빛깔의 가죽으로 장식되어 있었다. 하나님께서 말씀하신 그대로였다.

"새로운 가죽이 네게 말해줄 것이다."

2010년 10월 10일

교회의 청년 리더인 모리스 서그스가 어느 주일날 우리에게 찾아와 하나님께서 자신에게 계속해서 '2010년 10월 10일'에 대하여 말씀하신다고 얘기했다. 그가 느끼기에 하나님께서 그 날 무언가 굉장한 일이 일어날 것을 보여주시는 것 같다고 했다. 그 해 초에 우리는 빌 해몬 감독을 집회 강사로 초청했었는데, 그때까지만 해도 그 주에 다른 집회가 예약돼 있어 오실 수 없었다. 그런데 모리스가 얘기한 이후로, 감독님이 데일에게 전화를 거셔서 다른 집회가 취소되는 바람에 그 주 주말 내내 데스티니 교회에서 말씀을 전하실 수 있게 되었다고 하셨다. 그 소식을 듣고 우리는 놀라지 않을 수 없었다. 그 집회가 바로 2010년 10월 10일 주말에 열리게 된 것이다!

집회가 시작되었을 때, 주님께서는 데일에게 먼저 빌 해몬 감독님이 우리를 안수하여 세울 것이라는 말씀을 주셨다. 그리고 토요일 밤에는 나 역시 데일에게 감독님이 우리에게 안수하실 것 같다는 생각이 들지 않느냐고 물어보았다. 데일은 하나님께서 내게도 보여 주시기를 구했었다고 얘기해 주었다.

감독님은 내게 아버지처럼 느껴지는 분이었다. 그분은 내게 용기를 주고 나의 사역을 격려해 주셨다. 그 사흘 동안 우리는 함께 매우 즐거운 시간들을 보냈다. 그리고 마침내 주일 아침에 교회로 운전해 가면서 감독님은 우리를 안수하고 임명해야 할 것 같다는 마음이 드신다고 하셨다. 그분의 생각에는 이번에 데스티니 교회를 방문하게 된 목적이 바로 거기에 있는 것 같다고 하셨다. 그래서 바로 그 주일에 감독님은 우리의 사도적 부르심과 순회 사역을 위해 우리를 안수하고 세우셨다. 이로 말미암아 우리의 권위와 사역에 강력한 이동이 일어날 수 있었다.

데일과 나는 우리가 함께할 사역의 이름을 놓고 기도하던 중이었다. 데일은 수년간 '데일 매스트 미니스트리'라는 이름으로 사역해 왔었다. 하지만 우리가 함께 여행하며 사역하게 된 뒤로는 '모든 것을 새롭게' 하고 싶었다. 데일의 삶 가운데 임한 예언적 기름부음으로 인해 새로운 사역의 이름에는 반드시 독수리가 들어가야 할 것 같았다. 또한 나는 사역을 하면서 하나님의 불을 전하는 사람으로 알려져 있었다. 그래서 우리는 사역의 이름을 '이글 파이어 미니스트리'(Eagle Fire Ministries)로 결정했다. 데일과 나는 미국과 캐나다, 일본, 한국, 말레이시아, 싱가포르를 함께 여행하며 사역했다. 다른 나라들도 우리에게 열려 있었다. 지난 수년간 내가 받아온 예언들과 일치하는 것이었다. 지금 내가 이 책을 쓰고 있는 동안에도 텔레비전에서 나의 간증을 나눌 기회가 열리게 되었다.

뒤돌아보며

이 책을 쓰는 것이 내게 깊은 치유를 가져다주었고, 감정의 변화를 겪어 가는 과정이 되었다. 책 제목을 결정하는 것 자체로 여러 가지 감정들이 일어나며 눈가에 눈물이 맺혔다. 어려운 시절을 통과해 오면서 얼마나 많은 상실과 고통을 겪었는지 새삼 깨달아졌다. 책 쓰기를 마치면서 내가 정말로 수많은 것들을 극복해 왔음을 알게 되었다.

차도 한 대 없이 파산하고 집에서 쫓겨날 일만 앞둔 싱글 맘으로서 남의 집 먼지를 닦아내던 그 날, 절망 속에서 주님께 부르짖던 그 날을 생각하노라면 여전히 눈물이 난다. 나는 연약했지만 절대 포기하지 않았다. 내 인생에 하나님께서 계시지 않았더라면 지금의 모든 상황은 불가능했을 것이다. 헤아릴 수 없이 많은 기적과 초자연적인 공급을 경험했다.

하나님께서 재투성이에서 나를 건져내서서 나의 왕자 데일과 함께 온 세계를 돌아다니며 내 회복의 이야기를 나누게 하실 줄은 꿈조차 꿀 수 없었다. 예수 그리스도께서 나를 위해 그렇게 하셨다면 당신을 위해서도 충분히 그렇게 하실 수 있다. 그분은 절대 사람을 차별하시는 분이 아니다.

물론 힘든 시간들이었다. 하지만 가장 힘들었던 그 시간에 하나님의 임재를 가장 가까이 느낄 수 있었다. 하나님은 내가 가진 전부였다. 하나님께서 당신의 전부가 될 때, 당신은 필요한 모든 것을 소유한 것이다.

어려운 처지에서 벗어나 미래로 돌파해 나아가는 열쇠는 바로 믿음과 순종이다.

다음의 성경 구절들은 주님께서 상한 심령에 치유와 회복을 주시기를 얼마나 원하시는지를 알려준다. 지난 수년간 이 구절들을 통해 나에게 말씀하셨던 것처럼 당신에게도 말씀해 주시기를 소망한다.

이사야 61장 1, 3, 7절

주 여호와의 영이 내게 내리셨으니 이는 여호와께서 내게 기름을 부으사 가난한 자에게 아름다운 소식을 전하게 하려 하심이라 나를 보내사 마음이 상한 자를 고치며 포로 된 자에게 자유를, 갇힌 자에게 놓임을 선포하며

무릇 시온에서 슬퍼하는 자에게 화관을 주어 그 재를 대신하며 기쁨의 기름으로 그 슬픔을 대신하며 찬송의 옷으로 그 근심을 대신하시고 그들이 의의 나무 곧 여호와께서 심으신 그 영광을 나타낼 자라 일컬음을 받게 하려 하심이라

너희가 수치 대신에 보상을 배나 얻으며 능욕 대신에 몫으로 말미암아 즐거워할 것이라 그리하여 그들의 땅에서 갑절이나 얻고 영원한 기쁨이 있으리라

주님께서 나를 축복하셨던 것처럼 당신도 축복하시기를

깊은 사랑을 담아, 루앤